Hein Versteegen, geboren 1952, stammt aus dem niederrheinisch-niederländischen Grenzraum und lebt heute im Ruhrgebiet. Er ist gelernter Anglist und Germanist (Promotion über James Joyce). Zahlreiche Studienreisen führten ihn in den angelsächsischen Sprachraum und nach Frankreich.

Von Hein Versteegen ist außerdem als Knaur-Taschenbuch
erhältlich:

»Frankreich – Auf den Spuren der Ketzer« (Band 4637)

Originalausgabe Juni 1990
© 1990 Droemersche Verlagsanstalt Th. Knaur Nachf., München

Umschlaggestaltung Adolf Bachmann
Umschlagfoto Silvestris/Kastl
Texterfassung und Filmbelichtung Appl, Wemding
Umbruch Ventura Publisher im Verlag
Druck und Bindung Ebner Ulm
Printed in Germany   5 4 3 2 1
ISBN 3-426-04656-3

Hein Versteegen:

Frankreich –
Auf den Spuren der Gallier

Mit zahlreichen Abbildungen

INHALTSVERZEICHNIS

VORWORT

Es ist nicht zu übersehen, daß eine Art von Kulturtourismus immer beliebter wird, der eine Region aus einer bestimmten geschichtlichen Perspektive erschließt, statt das übliche Panorama der schönsten Sehenswürdigkeiten längs durch alle Epochen abzufahren. Beschränken muß man sich eh; und wer ein paar Reisetage in einer Region verbringt (egal, mit welchen historischen Gedanken im Kopf), der wird dabei ihre Schönheiten schon nicht verpassen. »Durch Deutschland auf den Spuren von Sachsen und Franken«, »Auf den Spuren van Goghs durch die Provence«, »Keltenland Bretagne« – so und ähnlich lauten die Empfehlungen, die von Reisebüchern und Journalen, aber zunehmend auch von Reiseveranstaltern angeboten werden. Auch die Fremdenverkehrsbehörden in Frankreich haben sich dieses Prinzip in den letzten Jahren mehr und mehr zunutze gemacht, um für ihre Region Werbung zu betreiben, wovon in diesem Buch an entsprechender Stelle noch zu reden sein wird.

Ausgehend von dem Eindruck, daß die archäologischen Sehenswürdigkeiten eines Landes für sich allein meist kein besonders anschauliches Bild der Vergangenheit vermitteln, entstand dieses Buch über wichtige archäologische Stätten Frankreichs auch mit dem Ziel, die stummen Zeugen der Vergangenheit zum Reden zu bringen. Dazu werden sie – erstens – mit den Historien, Legenden und Anekdoten ihrer Zeit in Zusammenhang gebracht und – zweitens – systematisch und anschaulich einander gegenübergestellt und miteinander verglichen.

Außer Relikten und Spuren der gallischen Geschichte Frankreichs wird der Reisende auch immer wieder Bauwerke der römischen Besatzungsmacht vorfinden. Es wäre dumm, sie zu ignorieren, denn durch sie führt oft erst der Weg in die vorrömische Vergangenheit. Die berühmtesten römischen Sehenswürdigkeiten (Pont du Gard, Arles etc.), die schon in zahllosen Büchern beschrieben sind, kann man aber getrost ausklammern. Das Römische, durch das die Fuß- und Karrenspuren der Gallier führen, ist eher von der noch unbekannten Art.

Was uns die Gallier hinterlassen haben, wird natürlich nicht mit dem Anspruch der Vollständigkeit behandelt oder aufgezählt. Auch das ist in anderen Büchern – viel besser – bereits geschehen. Die vorliegende Auswahl berücksichtigt vielmehr geographisch benachbarte Orte, die bequem zu Reiserouten verbunden werden können, so daß man die historischen Zusammenhänge und die landschaftlichen Reize des Gallierlandes kennenlernen kann. Es sind Reisen in die Vergangenheit – und in der Gegenwart.

UNBEKANNTES GALLIEN

»Gallien als Ganzes zerfällt in drei Teile. Den einen bewohnen die Belger, einen anderen die Aquitaner, den dritten die, welche sich selbst Kelten nennen, in unserer Sprache aber Gallier heißen.« So beginnt das Buch, das Gallien und die Gallier weltberühmt gemacht hat, nämlich Julius Cäsars *Kommentare zum Gallischen Krieg*. Jeder, der in der Schule auch nur ein bißchen Latein gelernt hat, kennt die Zeilen im Original. Ihre Einfachheit und scheinbare Klarheit sind charakteristisch für Cäsars gesamtes Buch. Bei genauem Hinsehen aber zeigen sie irgendwie auch ein geographisches Interesse auf Stammtischniveau. Was sollte man denn wohl von jemandem halten, der heutzutage nonchalant dahinsagt: ›England besteht insgesamt aus drei Teilen. In dem einen wohnen Schotten, in einem anderen Waliser, und in dem dritten Teil wohnen die Engländer.‹ Gewiß, so reden viele; aber es ist Quatsch. Es ist unlogisch, es ist unreflektiert, und es zeugt von einer gedankenlosen Mischung von Kenntnis und Unkenntnis, von Interesse und Gleichgültigkeit: die Engländer, klar, kennt man – Tommys, Fußballrowdys, tragen Stockschirme und Melonen –, aber daß das Land, von dem man da gerade sprach, nicht *England*, sondern *Großbritannien* heißt, hat man noch nie gehört, und wenn schon – wo ist der Unterschied? Ganz ähnlich wie solche Stammtischgeographie war um die Mitte des 1. Jahrhunderts v. Chr. in Rom der Stand des öffentlichen Bewußtseins über Gallien und die Gallier – nur daß er damals vielleicht weniger auf Banausentum und mehr auf echtem Informationsmangel beruhte. Denn die Gallier waren den alten Römern durchaus bestens bekannt, nur das Land, aus dem sie kamen, war für sie *terra incognita,* war ein unbekanntes Land weit weg hinter einem großen natürlichen Wall, den man die *Alpen* nannte. Wen kümmerte es da, ob man dieses Land ›Gallien als Ganzes‹, oder ›Gallien, Aquitanien und Belgien‹ nannte. Es gehörte erobert, egal, wie es hieß; das war Cäsars Botschaft. Wie zu Cäsars Zeit war es im gesamten Altertum gewesen: Über das Land, in dem die Gallier lebten, konnte man nur vage mutmaßen. Aber wer oder was die Gallier waren, das wußte man schon ziemlich genau. Welches Bild also hatte man im Altertum von den Menschen aus dem entlegenen, unbekannten Gallien?

Die spinnen, die Gallier.

»Vae victis!« hatte der gallische Anführer Brennus ausgerufen, als er im Jahre 387 v. Chr. Rom verwüstet und sieben Monate lang belagert hatte und nun damit beschäftigt war, die als Lösegeld für seinen Abzug geforderten tausend Pfund Gold abzuwiegen, die man in Rom nur mit größter Mühe hatte zusammenkratzen können. »Vae victis!« rief Brennus damals mit großer Geste und warf dabei sein Schwert in die Waagschale mit den Gewichten, die zudem noch falsch gewesen sein sollen. ›Wehe den Besiegten!‹ bedeutet der Ausruf, oder modern ausgedrückt: ›Das Recht ist mit dem Sieger.‹ Die Römer, die die Zerstörung damals überlebten, weil sie sich hinaus ins Hinterland geflüchtet hatten (oder auch aufs Kapitol, wo sie von den heiligen Gänsen vor einem vernichtenden Angriff gewarnt wurden) – diese Römer wußten seitdem genug über die Gallier, um sie als unzivilisiertes Pack zu verachten, als Kriegsgegner aber ernst zu nehmen. Mit eigenen Augen hatten sie beobachtet, daß die Barbaren aus dem Norden von riesiger Gestalt waren und sich nackt und unter lautem Gejohle ins Kampfgetümmel stürzten, womit sie sich selbst aufputschen und ihre Gegner einschüchtern wollten, sie hatten gesehen, daß die Gallier lange Schnauzbärte und struppiges blondes Haar trugen, welches sie sich mit Gips künstlich noch steifer und heller machten. Sie hatten erlebt, daß das Nomadenvolk vor allem Prunk und Prahlerei liebte und zum Leben und zum Glück nichts anderes brauchte, als was es im Treck mit sich führen konnte, also Werkzeug, Waffen, Felle, Schmuck und Tiere. Sie hatten eine Ahnung davon bekommen, daß dieses kraftstrotzende Volk, von dessen Existenz weit draußen im Land des Regens sie vielleicht aus den Werken des Herodot oder des Hekataios von Milet etwas wußten, inzwischen auf Expansionskurs gegangen war und sich dabei anschickte, durch ganz Südeuropa eine Spur der Verwüstung zu ziehen. Vielleicht hatten sie auch schon gehört, daß Brennus und andere Haudegen ein paar Jahre zuvor in Norditalien bereits die Etrusker vertrieben hatten. Dorthin, in die Poebene, zog sich Brennus mit seinen tausend Pfund Gold nachher auch wieder zurück. In Rom aber wurden die Gallier seit jener Zeit als noch gefährlichere Feinde des Staates angesehen als später die Punier, die Erzfeinde aus Karthago.

Nicht nur in Rom, auch in der sonstigen zivilisierten Welt machten die Kelten um das Jahr 400 v. Chr. von sich reden. Hunderte von Jahren waren sie in Deutschland und Nordfrankreich unter sich geblieben. Doch dann begannen sie damit, international Furore zu machen. Ihre ersten Expansionsbewegungen im 6. und 5. Jahrhundert v. Chr. hatten im zivilisierten Mittelmeerraum noch wenig Beachtung gefunden. Kein Wunder, denn damals hatte es sie in die andere Richtung, nämlich auf die Iberische Halbinsel getrieben, wo sich aus Kelten und Iberern mit der Zeit eine neue Mischkultur bildete, die als das Volk der *Keltiberer* bekannt wurde. Doch nun in dieser zweiten Expansionswelle, die mit immer neuen Schüben fast zweihundert Jahre währen sollte, begründete sich der ambivalente Weltruhm der Kelten. Stammesbrüder und -vettern des Brennus zogen bis Süditalien und Griechenland und über den Balkan bis nach Kleinasien (wo der Apostel Paulus ihre Nachfahren später als Galater adressieren sollte). Andere verschlug es nach Südfrankreich. Wieder andere siedelten in Irland und Britannien – wo sie auf weitere, schon lange dort ansässige Kelten stießen; wann die dorthin gekommen waren, weiß heute keiner so genau. Aus so mancher Gegend wurden die Eindringlinge schnell wieder vertrieben. Anderswo faßten sie dauerhaft Fuß und entwickelten sich dabei allmählich vom Nomadenvolk zu seßhaften Dorf- und Stadtbewohnern. In der Welt, die lesen und schreiben konnte, will sagen insbesondere durch die Schriften griechischer und römischer Autoren, wurden sie so bekannt wie bunte Hunde.

Polybios, Diodorus Siculus, Livius, Strabo, Cäsar und schließlich noch Tacitus – sie alle zeichneten von dem Volk, das in der einen Sprache *Keltoi* und in der anderen *Gallii* hieß, ein Bild in so schillernden Farben, daß die Gallier im 1. Jahrhundert v. Chr. wohl als das berühmteste Barbarenvolk gegolten haben dürften.

Was wissen wir aus diesen Schriften sonst noch über die Gallier? Eine ganze Menge. Sie waren ein kriegerisches Volk, das in recht primitiven Verhältnissen lebte. Ihre ganze politische Organisation bestand aus nichts anderem als dem sogenannten *Klientenwesen;* das ist das, was man in Köln *Klüngel* und in der heutigen Politik *Filzokratie* nennen würde. Sie kleideten sich in Hosen. Ihre Hütten aus Holz waren mit Stroh oder Zweigen gedeckt. Sie waren schlechte Baumeister, doch gute Handwerker. Sie verfügten über gute Waffen aus Eisen, prachtvolle Schilde und Feldzeichen, die oben mit Abbildern von Tieren gekrönt waren, und über Helme mit phantastischen Aufsätzen. Sie aßen viel Fleisch und tranken gern Bier, und zwar besonders bei exzessiven Festen, bei denen sie mit ihren Heldentaten prahlten. Sie lehnten es ab, ihr Wissen schriftlich festzuhalten – obwohl sie die griechische Buchstabenschrift irgendwann kennengelernt hatten. Der gesamte kulturelle Wissensschatz existierte nur in den Köpfen ihrer Druiden und Barden, den Priestern und Sängern, die eine privilegierte Kaste bildeten. Alle Gallier waren begnadete Redner, die es verachteten, einen Gedanken geradeheraus und unverschlüsselt auszudrücken. Sie fürchteten sich auch nicht vor dem Tod, denn sie glaubten fest an die Wanderung der Seelen. Das einzige, was sie fürchteten, war, daß ihnen der Himmel auf den Kopf fallen könnte. Dies jedenfalls soll ein Keltenfürst gegenüber Alexander dem Großen geäußert haben; und da wahrscheinlich auch er lieber in Rätseln und Bildern sprach, wird er es wohl nicht so wörtlich gemeint haben, wie es der gute Majestix aus dem Dorf der unbeugsamen Gallier von Goscinny und Uderzo später verstand.

Wer seinen *Asterix* kennt, der wird gemerkt haben, daß das Bild aus den Schriften der antiken Autoren sich mit den Bildchen aus den Comicheften weitgehend deckt – sieht man von den nur allzu offensichtlichen anachronistischen Scherzen einmal ab. Goscinny und Uderzo haben wahrscheinlich mehr zur Bekanntheit der gallischen Welt beigetragen als P. M. Duval, J. J. Hatt, J. Moreau und die vielen anderen ernsten Keltenautoren in Frankreich, Deutschland, Großbritannien und Irland. Aber in der Welt der Comic-Kelten sind auch ein paar falsche Fuffziger enthalten, die man allzuleicht für echte Münze nehmen könnte. Die Einrichtungen der Wohnungen beispielsweise. Mobiliar im heutigen Sinne, insbesondere Stühle, waren in Gallien unbekannt. Alle Abbildungen von sitzenden Menschen, die wir aus der keltischen Welt kennen, zeigen Figuren in Hockstellung, einer Art Buddha-Haltung. Wenn ferner in den Comics die Römer als hirnlose, tolpatschige Hünen erscheinen, die gegen die kleinwüchsigeren, aber schlauen Gallier unentwegt den kürzeren ziehen, dann ist diese Darstellung natürlich als augenzwinkernde Selbstironie der modernen Franzosen zu verstehen, die in dem gallischen Dorf auch ihr eigenes Land sehen möchten; in Wirklichkeit waren die Kräfteverhältnisse – körperlich wie geistig – wohl eher umgekehrt. Und wenn die Gallier durch ein Land wandern, in dem Dolmen und Menhire (im Dorf der Unbeugsamen als *Hinkelsteine* bekannt) fast gerade so zahlreich aus dem Boden zu wachsen scheinen wie die Bäume, dann stecken darin gleich mehrere Mißverständnisse über die gallische Welt. Daß die vielen megalithischen Denkmäler, über die man seit Jahrhunderten rätselt und staunt, von den Druiden erbaut und genutzt worden seien (und zwar als Sternwarten, Altäre, Sonnenuhren, Sonnenkalender etc.), das war eine beliebte Theorie bis zum Ende des 19. Jahrhunderts. Erst die moderne Archäologie hat selbst dem romantischsten Keltenverehrer einsichtig gemacht, daß in Mitteleuropa nicht alles Vorrömische schon gleich keltisch war, so daß wir heute mit Bestimmtheit

Älter als die ältesten Kelten: Menhire in Carnac, Bretagne

wissen, daß die berühmten Steinsetzungen mindestens eineinhalb Jahrtausende älter sein müssen als der älteste Kelte. Das
zweite Mißverständnis, das sich hinter den Hinkelsteinen des
Obelix versteckt hat, ist die Gleichsetzung der Bretagne (die ja
die größte Megalithendichte der Welt hat) mit Gallien. Gewiß ist
die Bretagne heute der am meisten keltisch geprägte Teil Frankreichs, aber es waren britische Kelten (daher auch der Name)
und nicht gallische, die dem Land diesen Stempel aufgedrückt
haben.

Den Begriff *Gallier* verwendeten die Römer nur für die Festland-
kelten, nicht für die Inselkelten. Das kann man nun ruhig für ter-
minologische Pedanterie halten, entscheidender nämlich ist,
daß diese britischen Kelten in die Bretagne (die bei den Galliern
ja auch *Aremorica* hieß) erst einwanderten, als das Land längst
gründlich romanisiert und von den alten Galliern keine Spur
mehr übrig war. Ab 460 n. Chr., als in Britannien Angeln und
Sachsen den Ton angaben, flüchteten die Briten auf den Konti-
nent und nannten ihren Zipfel *Klein-Britannien*. Die keltische
Prägung, die zu dieser Zeit neu begann, hat historisch gesehen
mit dem dicken Obelix nichts mehr zu tun – auch wenn die kulturellen Gemeinsamkeiten zwischen den neuen Briten und den
alten Galliern vermutlich noch immer recht groß waren. Und der
dicke Obelix hat noch eine andere Angewohnheit, die im Vergleich zu seinen außerliterarischen Urbildern eine – allerdings
gattungsbedingt entschuldbare – Verharmlosung darstellt.
Nach einem Faustkampf gegen eine Zenturie wettkampffähiger
Römer geht der Kraftmeier durch den Wald und sammelt römische Helme als Trophäen. Klar, daß die wahren Gallier nicht mit
Fäusten, sondern mit Schwertern kämpften. Aber was sammelten sie als Trophäen? Nun, sie sammelten Köpfe.

Köpfe müssen das Bild eines gallischen Dorfes geprägt haben
wie Geranien das Bild eines modernen französischen. Sie wurden mit Nägeln an den Türbalken befestigt; in den Häusern waren Nischen eingerichtet, wo menschliche Schädel aufgestellt

wurden; gallische Krieger kamen mit den im Kampfe abgeschlagenen Häuptern ihrer Feinde, die sie an ihren Gürteln befestigt hatten, heim zu ihren Lieben. Nicht nur die Köpfe der Besiegten, auch die der verstorbenen Angehörigen wurden auf diese Weise zeremoniell verwendet. Der Schädelkult war nicht rein barbarische Grausamkeit, er hatte religiöse Motive. Mit dem Kopf besaß man die Seele des Menschen. Der abgeschlagene Kopf des Feindes dokumentierte die Macht des Siegers über ihn. Und die Galerie der Köpfe der eigenen Vorfahren repräsentierte die irdische Gegenwart der verstorbenen Helden. Der Tod stand im Mittelpunkt des Dorflebens — so wie es in der Bretagne die dort üblichen umfriedeten christlichen Pfarrbezirke noch immer bezeugen. Die keltischen Künstler haben den Ideen ihres Schädelkultes in Darstellungen rumpfloser Köpfe (sogenannter *têtes coupées*) ungezählte Male Ausdruck verliehen. Die griechischen und römischen Chronisten hat dieser Kult hingegen sehr befremdet. Sie wußten mit dieser Weltanschauung wenig anzufangen, hielten sie für typisch barbarisch.

Dilettanten und Archäologen

Was unsere Vorfahren im 18. und 19. Jahrhundert über die Kelten wußten, war um keinen Deut besser als die Kenntnisse der Zeitgenossen Cäsars. Jetzt hielt man die grölenden Schnauzbartträger nicht mehr für rohe Barbaren, sondern für *edle Wilde*. Besonders die Gebildeten der Zeit waren der eigenen Kultur etwas müde geworden und interessierten sich mehr für das Fremde. Sie entdeckten ferne Länder und bislang wenig beachtete Winkel der Geschichte und idealisierten sie: die Südseeinseln, das Mittelalter, die nicht-klassische Antike. Primitivere, weniger komplex organisierte Zivilisationen galten ihnen als integerer, natürlicher und ursprünglicher als die modernen. Die keltischen Druiden wurden in dieser Denkweise als Vorläufer des Christentums interpretiert, die keltische als die Mutter aller anderen Sprachen und die Kelten selbst als das älteste Volk der Erde. Ihren Ausgang nahmen diese Gedanken in England (federführend war besonders ein Mann namens William Stukeley), doch sie fanden auch in Frankreich einen guten Nährboden. Man zelebrierte dort bald einen »Pankeltismus«, den man – als hätte kein Gallier je einen Feind geköpft – als die universelle friedliche Kraft dem »kriegerischen Germanismus« und dem »englischen Imperialismus« gegenüberstellte. Sogar die Literaturgeschichte wurde verfälscht, indem Werke von vergessenen keltischen Barden veröffentlicht wurden, die man angeblich soeben erst entdeckt hatte; den Anfang machte der Schotte Macpherson, seinem Beispiel folgte der Bretone de la Villemarqué, und beiden gelang es, mit ihren erfundenen Barden *Ossian* und *Barsaz-Breiz* die gesamte literarische Öffentlichkeit auf Jahre hin zu narren. Eine Oper (von Bellini), deren Thema die Liebesaffäre zwischen einer gallischen Druidin (!) namens *Norma* und einem römischen Offizier ist, feierte an der Mailänder Scala Premiere und war ein wahrer Kassenmagnet an internationalen Bühnen. Und weil man sich wohl nicht damit abfinden konnte, daß die gute alte Gallierzeit schon vorbei war, versuchte man (in England und Deutschland) eine Wiederbelebung durch Gründung von Druidenorden. Manche existieren dem Vernehmen nach noch immer.

Es war eine seltsame Kombination aus Wissen und Unwissen, aus seriösem Forschergeist und schwärmerischem Wunschdenken, die die Ursache für die Keltomanie all dieser Dilettanten abgab. Die Bezeichnung *Dilettant* kann man dabei getrost auch ein bißchen als Kompliment verstehen, das Wort kommt schließlich vom lateinischen *delectare* (= ›erfreuen‹). *Dilettanten* nannten sich im 18. Jahrhundert in Frankreich, England und Deutschland bestimmte Kunstliebhaber, die abseits vom akademischen Betrieb als Privatforscher umherreisten, sich bildeten und Sammlungen von Altertümern anlegten. Sie waren die ersten, deren Interesse am Altertum sich auf die materiellen Hinterlassenschaften der Kulturen richtete, während die etablierte Altertumswissenschaft es vorzog, sich auf Informationen zu beschränken, die in schriftlichen Quellen vorlagen, also auf die Schriften der klassischen Autoren und der Bibel. Man kann sich vorstellen, daß diese Altertumskundler über die Zeit und die Welt außerhalb der geschichtlich dokumentierten Antike (also über die Vor- und Frühgeschichte, wie man es heute nennt) nicht viel zu sagen wußten. Aus schierer Borniertheit, muß man leider feststellen, denn sie gestatteten keinen Zweifel an dem, was sie aus den Schriften zu wissen glaubten – und dazu gehörte u. a. auch die Überzeugung, daß die Menschheit laut Bibel ziemlich genau 6000 Jahre alt sei. Erst im 19. Jahrhundert wurde diese Theorie unter der erdrückenden Beweislast archäologischer Befunde aufgegeben. Doch anstatt dies als Wissensdurchbruch feiern zu können, mußte man leider feststellen, daß man eigentlich keinen Schritt vorangekommen war, denn ob die »Zeit des Heidentums« (wie es der dänische Altertumskundler

Nyerup 1806 ausdrückte) nun »ein paar Jahre, ein paar Jahrhunderte oder gar über ein Jahrtausend« der bekannten Zeit vorausgehe, dazu fehlte der jungen archäologischen Wissenschaft noch jeder Anhaltspunkt. Alles Frühgeschichtliche war »wie in dichten Nebel gehüllt« (Nyerup), und wen wollte es da wundern, wenn sich in diesem Nebel die Phantasiebilder um so deutlicher abzeichneten und eifrige Altertumsliebhaber von einem Volk wie den Kelten, über dessen genaues Wo und Woher sie nichts wußten, anzunehmen beliebten, daß es das älteste sei oder daß es den Steinkreis von Stonehenge erbaut habe, oder was sonst?

Der Kenntnisstand der Archäologie hat sich seit jenen finsteren Zeiten explosionsartig erweitert. Ein wichtiges theoretisches Verfahren war dabei die sogenannte Periodenbildung: Steinzeit, Bronzezeit, Eisenzeit; ältere, mittlere, jüngere Phase, usw. Durch Beschreibung charakteristischer Materialien, Techniken, dekorativer Muster oder auch Bestattungsriten konnte man neue Funde bereits bekannten Phasen oder Perioden zuordnen: Was aus Eisen gefertigt war, das war vermutlich erheblich jünger als eine Axt aus unpoliertem Stein; Keramik mit eingeritzten, einfachen geometrischen Mustern (Zickzack oder Rauten) mußte älter sein als Vasen mit anspruchsvoller Firnistechnik. Neben dem zielstrebigen Forschergeist gab es aber für den Wissenszuwachs noch eine zweite, recht banale Ursache. Da im Bergbau sowie im Straßen- und Eisenbahnbau während des 19. Jahrhunderts allgemein viel gebuddelt wurde, kamen rein zufällig auch zahlreiche vor- und frühgeschichtlichen Funde zutage. So ist es ebensogut dem Zufall wie archäologischem Scharfsinn zu verdanken, wenn man im Laufe des letzten Jahrhunderts den Kelten noch einmal ganz neu auf die Spur kam – jetzt aber endlich auf eigenem Terrain, in dem Gebiet, in dem sie gewohnt und aus dem heraus sie sich verbreitet hatten, nämlich in dem Raum von Süddeutschland/Österreich bis Ostfrankreich. Gleichzeitig erfuhr man genauere Details über ihre Kultur und ihre Geschichte, als die Alten von Hekataios bis Tacitus je gekannt hatten. Diese Einzelheiten an Ort und Stelle kennenzulernen und zu verstehen ist die Absicht von uns modernen Dilettanten, wenn wir an die historischen Schauplätze und die archäologischen Grabungsstätten reisen, die auf den folgenden Seiten in zwei Reiserouten (einer nördlichen und einer südlichen) zusammengestellt sind.

Doch halt! Man wäre für die Reise schlecht gerüstet (und ein Dilettant im negativen Sinne), wollte man einige der Erklärungsmuster, die wir der Archäologie verdanken, einfach übersehen. Grob gesprochen sind nach den Erkenntnissen der Archäologie zwei verschiedene Kulturphasen der keltischen Geschichte zu unterscheiden: eine frühere, die Hallstattkultur (750–350 v. Chr.), und eine spätere, die Latènekultur (450–50 v. Chr.); die Namen stammen von den wichtigsten Fundorten in Österreich bzw. der Schweiz, die zeitliche Überschneidung der beiden Kulturen erklärt sich damit, daß sie zeitgleich an verschiedenen Orten existierten. Beide Phasen zusammen bilden – für Europa – die Eisenzeit. Keltisch ist allerdings erst die Zeit ab der späten Hallstattkultur (ca. 550–350 v. Chr.), ein Kulturkreis, der wegen seiner Lokalisierung (Süddeutschland/Ostfrankreich) *Westhallstattkreis* genannt wird (die frühere Hallstattkultur erstreckte sich nämlich noch wesentlich weiter in östliche Richtung). Den zeitlich und räumlich also genau abgrenzbaren Westhallstattkreis erkennt man an einigen typischen archäologischen Merkmalen, insbesondere an den reich ausgestatteten Fürstengräbern und den mächtigen Fürstensitzen, die auf eine starke soziale Differenzierung schließen lassen, sowie ferner an dem Auftauchen sogenannter Fibeln, das sind eine Art vorzeitlicher Sicherheitsnadeln zum Befestigen von Gewändern. Nun klingen diese Erkenntnisse wie rein positivistische Faktenhuberei. Woher aber weiß man, was diese Fakten mit der Welt der Gallier zu tun haben? Die Antwort finden wir noch einmal bei den antiken Autoren, diesmal aber im Schulterschluß mit der modernen Archäologie. Hekataios schrieb nämlich, daß man, um ins Land der Kelten zu kommen, die Rhône hinauf und dann über wilde Seen fahren müsse, vermutlich sind das die Seen in der Schweiz; Herodot berichtete direkt, die Kelten wohnten am Istros (=Donau). Und da sich beide Autoren auf Informationen stützten, die etwa aus dem späten 6. Jahrhundert v. Chr. stammen müssen, haben wir sowohl räumlich als auch zeitlich eine ziemlich genaue Übereinstimmung der antiken Berichte über die Kelten mit dem von der Archäologie entdeckten Kulturkreis. Bestätigt wird diese Übereinstimmung noch durch zahlreiche Funde von Importwaren aus dem Mittelmeerraum, die die Existenz einer Kommunikation zwischen der Welt der Hallstattkelten und der Welt des Hekataios zusätzlich beweisen. Also: der Westhallstattkreis ist identisch mit der Kultur der frühen Kelten. Ganz ähnlich funktioniert der Beweis, daß auch die Latènekultur — ebenfalls zunächst nur ein rein archäologisch identifizierter Stil — keltisch ist, denn von einigen der wichtigsten Fundstätten in Frankreich weiß man, daß sie zugleich Schauplätze des von Cäsar beschriebenen Gallischen Krieges waren. Näheres unterwegs.

Beide Phasen, die Hallstatt- wie die Latènezeit, zeichnen sich durch hochentwickelte Techniken der Eisenbearbeitung aus. Die kunsthandwerklichen Produkte der — technisch und künstlerisch höher entwickelten — Latènezeit manifestieren aber die eigentlich keltische Kunst. Sie sind Ausdruck genau der Lebensformen und kulturellen Werte, die schon die klassischen Chronisten etwas befremdet an ihren barbarischen Zeitgenossen beobachtet hatten. Es ist eine Kunst, die sich nicht in monumentalen Dimensionen, sondern auf winzigen Flächen entlädt. Gestaltet werden vornehmlich die Metallflächen auf Ringen, Zaumzeug, Schilden u. ä. – allesamt Gegenstände, die man bei sich tragen und mitnehmen kann. Die Motive (Menschen, Tiere, Ungeheuer) sind häßlich, sie sind expressionistisch verzerrt oder stilisiert dargestellt, und sie vermitteln einen phantasti-

»Für die Griechen ist eine Spirale eine Spirale und ein Gesicht ein Gesicht, und es ist stets klar, wo das eine aufhört und das andere anfängt, während die Kelten Gesichter in die Spiralen oder Ranken ›hineinsehen‹: Doppeldeutigkeit ist ein Charakteristikum keltischer Kunst ... Es ist der Mechanismus der Träume, wo die Dinge fließende Umrisse haben und in andere Dinge übergehen«

(Jakobsthal, zit. nach Dillon/Chadwick)

schen und bedrückenden Eindruck. Es dominieren fließende Muster, Spiralen, Kurven – selbst da, wo gegenständliche Motive verwendet sind. Alles in allem zeigt die Kunst einen fließenden Übergang zwischen Abstraktem und Konkretem, zwischen Realem und Irrealem, zwischen Disziplin und geballter Lebensenergie, zwischen Sensibilität und Brutalität. Die Kunst ist in allem das genaue Gegenteil klassisch griechischer oder römischer Kunst. Sie ist die früheste Kunst mit Neigung zum Abstrakten, die wir kennen – und macht die alten Gallier damit überraschend modern. Diejenigen unter den leicht verrückten Keltomanen, die die gallischen Altvordern als Künder einer neuen Welt sehen möchten (Jahr für Jahr pilgern übrigens Tausende von ihnen zur Mittsommernacht nach Stonehenge), finden in diesem modernen Zug der Keltike interessanterweise sogar eine Bestätigung ihrer im freien Schwung der Phantasie gewonnenen Behauptungen. Phantasten und Realisten, Dilettanten und Fachleute, antike Chronisten und moderne Karikaturisten – alle reden sie doch irgendwie von denselben Galliern, alle können sie sich die Hände reichen. So schließt sich der Kreis des Wissens.

Auf den zwei nun folgenden Reiserouten durch Gallien (eine führt durchs Zentrum, die andere an die Peripherie) werden wir die Gallier mal in klaren Konturen, mal im wabernden Nebel sehen. Im Reisegepäck, das in diesem Falle auch in unserem Hinterkopf Platz haben kann, haben wir dabei neben dem Handbuch der Archäologie auch unseren *Asterix*, unseren Julius Cäsar sowie andere Klassiker, auch die Oper *Norma*, den Gelehrten William Stukeley und Keltomanen wie Augustin Thierry oder Henri Martin oder noch modernere Keltenspinner (keine Namen!). Denn in einer Welt, in der die Römer spinnen und in der die Gallier spinnen, ist ja vielleicht auch die moderne Spinnerei nur eine Variante der Normalität.

BURGUND VON
DER FÜRSTIN VON VIX
BIS VERCINGETORIX

Reiseland, Gallierland

Burgund – Land der Weine, Land der Schlemmer, Land der romanischen Kirchen und Klöster, Land der Flüsse und Kanäle, das Land, wo der Kir erfunden wurde . . . Gründe, warum diese Landschaft ein beliebtes Ferienziel ist, gibt es wie Sand am Meer, und doch ist der nächste Strand fünfhundert Kilometer weit weg.

Ihren Namen hat die Landschaft übrigens von einem Volk, das man in Deutschland wohl am ehesten aus der Nibelungensage kennt: den Burgundern. Diese kamen ursprünglich irgendwo aus Nordeuropa, siedelten im 4. Jahrhundert über an den Rhein, von dort später in das Gebiet der heutigen Schweiz und ließen sich schließlich im 5. Jahrhundert in Ostfrankreich nieder. Breiter und breiter machten sie sich, so daß sich ihr Reich bald bis ans Mittelmeer erstreckte, allerdings nicht sehr lange. Sie wurden zurückgedrängt, geteilt, erobert; von den alten Burgundern blieb schließlich nichts als ihr Name, vom Reich dieses Namens nur ein kleiner Teil westlich der Saône. Im Spätmittelalter war Burgund eine bedeutende Macht mit großem Einfluß in der europäischen Politik.

»Burgund ist ein von Kanälen, Bahnen und Straßen durchzogenes Durchgangsland zwischen Rhein-, Seine-, Loire- und Rhônegebiet«, sagt ein modernes Lexikon. Und das galt schon vor dreitausend Jahren (wenn wir die Kanäle und Bahnen, die ja erst im vorigen Jahrhundert hinzugekommen sind, einmal ausnehmen). Die Straßen waren natürlich noch rechte Trampelpfade, doch wurde auf ihnen schon damals Wichtiges befördert: Zinn in erster Linie, das schon um ca. 800 v. Chr. in Cornwall (Britannien) gewonnen wurde, aber vor allem auch Menschen und kulturelles Know-how. Wann immer irgendwelche ruhelosen Völker der Frühzeit aus Nord- und Mitteleuropa gen Süden zogen, führten unausweichlich ihre Wege durch das Burgunder Tiefland und von dort durchs Rhônetal. So ist es kein Wunder, daß aus jenen unsteten Zeiten fast alle Epochen und Kulturen in Burgund eine vorübergehende Heimat fanden. Das geht zurück bis in die Altsteinzeit, deren Schauplätze etwa am Felsen von Solutré oder in den Grotten von Azé, beide bei Mâcon, sowie in den Grotten von Arcy, bei Vézelay, besucht werden können. Und erst recht aus den Zeiten der letzten 500 Jahre v. Chr., die in Mitteleuropa ja nun einmal Keltenzeiten waren, bietet Burgund Fundstätten erster historischer und archäologischer Rangordnung aus allen Phasen der keltischen Geschichte. Das Fürstengrab von Vix zum Beispiel ist einer der aufschlußreichsten Funde der Hallstattkultur überhaupt. Für die Latènekultur fand man auf dem Mont Beuvray und bei Alise-Sainte-Reine wertvolle Erkenntnisse. Daß ausgerechnet in Burgund der Gallische Krieg losbrach und endete, hängt mit dem Charakter einer Durchgangsstation zusammen, denn der Krieg begann und endete mit Wanderbewegungen. Er begann, als der keltische Stamm der Helvetier aus dem Alpengebiet nach Zentralfrankreich ziehen wollte und dabei durch Burgund mußte, wo er dann von Cäsar angegriffen wurde, und er wurde entschieden, als Cäsar mit seinen Truppen – ebenfalls in Burgund – auf einem Marsch von Norden nach Südfrankreich von gallischen Truppen angegriffen wurde. Die gallorömische Zeit schließlich wird in ganz Frankreich wohl von keinem anderen Ort besser repräsentiert als von der burgundischen Stadt Autun, die nur deshalb zu so hoher Blüte gelangte, weil sie an einer Kreuzung mehrerer Fernstraßen lag.

Burgund – das ist also auch Gallierland *par excellence*. Es gibt in ganz Burgund erheblich mehr an keltischen (und vorgeschichtlichen) Relikten zu besuchen, als man sinnvollerweise auf einer Reiseroute miteinander kombinieren kann. Wer alles anschauen wollte, der sähe vor lauter Tonscherben von den Galliern und von Burgund nichts mehr. Und das wäre schade. Man muß also auswählen und auslassen. Die hier zusammengestellte Reise-

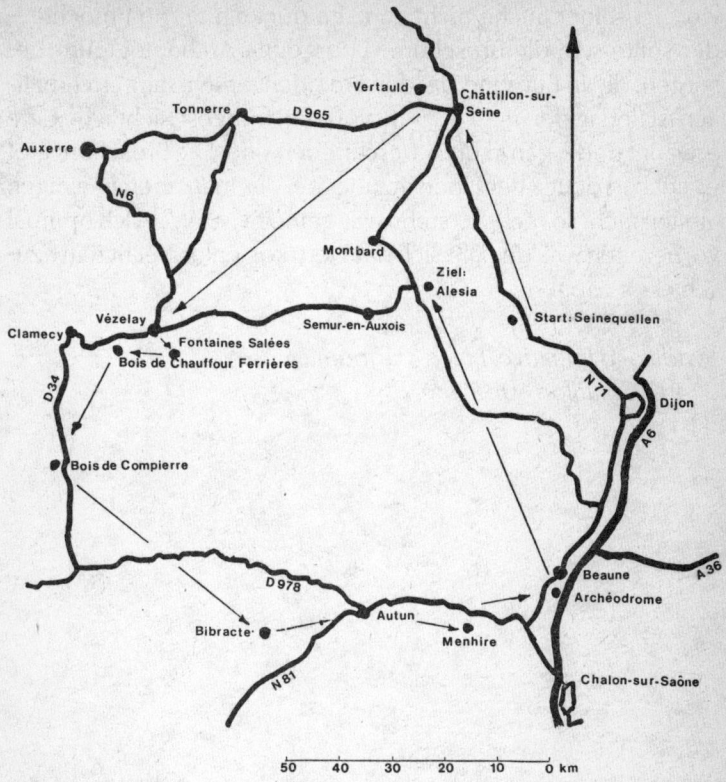

Route 1: Burgund

route ist eine Zusammenstellung der wichtigsten Schauplätze, bei der man die Gallier findet und Burgund nicht aus den Augen verliert. Die Orte sind nicht nur nach ihrer zufälligen Nachbarschaft, sondern auch nach gewissen historischen Zusammenhängen miteinander verbunden, freilich ohne den Anspruch einer strengen Chronologie. Dennoch mag es manchem Reisenden eine Befriedigung sein zu wissen, daß es längs des Weges auch noch Neues zu entdecken gibt. Wem danach ist – und wer bei seiner Suche nicht ganz im dunkeln tappen möchte – der sollte sich die Broschüre »Bourgogne Archéologique« besorgen, die in Burgund bei den Fremdenverkehrsämtern erhältlich ist und in der mehr als 50 (!) vor- und frühgeschichtliche Orte erwähnt und – ganz kurz – beschrieben sind. Die Broschüre gibt es auch in deutscher Übersetzung (bei der man aber an einigen Stellen nicht so recht versteht, was gemeint ist). Wer sich optimal vorbereiten will, der läßt sich das Heft (kostenlos) rechtzeitig zuschicken vom:

Syndicat d'Initiative, Place Marmont,
21402 Châtillon-sur-Seine.

Quelle der Seine

Wo könnte diese Reiseroute besser beginnen als im Herzen Galliens? Und wo ist das Herz Galliens? Dort, wo noch heute der Puls Frankreichs schlägt. Die Quelle der Seine sowie die kleine Parkanlage, die diese Quelle umgibt, gehören nämlich heute zum Gebiet der Stadt Paris, obwohl der Ort 300 km von der Hauptstadt Frankreichs entfernt liegt. Die Steintafel, die die Stadtväter hier errichtet haben, spricht stolz von dem Fluß, »der Paris seinen Wohlstand verleiht«. Im 19. Jahrhundert wurde über der Hauptquelle eine künstliche Grotte errichtet.
Sequana hieß der Fluß bei den Galliern, und so hieß auch die Göttin, oder Gottheit, die an seiner Quelle verehrt wurde. Flüsse

Seinequelle

und Quellen verkörperten bei den Galliern das Prinzip der Fruchtbarkeit und der Heilung. Moderne Exegeten der gallischen Religion gehen so weit zu behaupten, daß Quellen als Öffnungen im Schoße der Erdmutter aufgefaßt worden seien. Auch habe jede Quelle eine ihr eigene Art von Heilwirkung entfaltet und ihre ganz besondere Verbindung verschiedener mineralischer, pflanzlicher und ätherischer Eigenschaften gehabt, die ihr zu bestimmten Zeiten der Mondphase entströmten. Das ist natürlich Spekulation. Sicher ist aber, daß bei den Kelten der Ort religiöser Verehrung die Natur war (noch in gallorömischer Zeit wurden Tempel nur als Wohnstätten der Götter betrachtet, religiöse Versammlungen aber wurden weiter im Freien abgehalten), und sicher ist auch, daß Flüsse, Bäume und Berge als Götter verehrt wurden. Antike Autoren berichten, die Kelten verehrten ihren Gott Zeus in Gestalt einer hohen Eiche; ja möglicherweise lieh der heilige Baum der Gallier auch den Druiden ihren Namen (*Druide* = ›Eichenkundler‹?).

Hier an der Seinequelle wurden 1964 ca. 190 Schnitzereien aus Eichenholz, darunter zahlreiche komplette Figuren, aus einem Teich in der Nähe der Quelle geborgen. Sie stammen aus dem 1. Jahrhundert n. Chr., sind aber in der Gestaltung noch Zeugnisse einer unverfälschten gallischen Kunst. Auffällig ist, daß die Eigenschaften des Materials beibehalten wurden. Es handelt sich zumeist um längliche, kantige kleine Statuen, an denen die Form der zugrundeliegenden Holzschäfte noch gut zu erkennen ist. Die relativ große Zahl von an einem einzigen Ort gefundenen Objekten dieser Art läßt darauf schließen, daß solche Bildnisse ursprünglich wohl in enormen Mengen im Umlauf waren.

Die Statuen, sie sind übrigens in Dijon im Musée Archéologique ausgestellt, gelten als sogenannte Votivgaben. Damit ist gemeint, daß man vermutet, daß sie hier an der Flußquelle zurückgelassen wurden mit dem Ziel, sich von der Gottheit Heilung, Gesundheit, Fruchtbarkeit, Wohlstand oder was auch immer zu erflehen. Die Figuren wären demnach als Abbilder der Gläubigen selbst (oder auch ihrer Pferde, Stiere etc.) zu verstehen. Es ist aber auch die Vermutung geäußert worden, die Figuren könnten als Götterbilder verstanden werden (Ross) – eine These freilich, die in krassem Gegensatz zu der gängigen Lehrmeinung steht, daß die Kelten keine personifizierten, sondern nur abstrakte Gottheiten verehrt hätten.

Apropos Votivgaben: Im künstlich angelegten Granitbecken, aus dem heute die Hauptquelle der Seine kaum wahrnehmbar hervorsprudelt, liegen Hunderte von Geldmünzen unserer Zeit, die die Touristen da hineingeworfen haben. Ein Akt religiöser Verehrung? Götzenbilder? Idole? Was dazu Archäologen und Deuter in zehntausend Jahren wohl sagen mögen?

Anfahrt: *Die Quelle liegt ca. 2 km westlich der N 71, zwischen Châtillon-sur-Seine im Norden und Dijon im Süden. Wer aus Richtung Dijon kommt, biegt etwa auf der Höhe des Örtchens Poncey-sur-l'Ignon links ab auf die D 103. Nach 1 km kommt man in ein Wäldchen und findet bald zur Rechten einen Zaun und ein Hinweisschild »Sources de la Seine«: man ist da.*

Wer aus Richtung Châtillon-sur-Seine kommt, biegt an der südlichen Ortsausfahrt des Dörfchens Chanceaux nach rechts ab auf die D 103 nach St-Germain-Source-Seine; dort, in der Ortsmitte an der großen Linde, weist ein Schild den Weg nach links über die D 103 zu den »Sources de la Seine«. Um die Ecke trifft man dann allerdings auf eine – unklar beschilderte – Gabelung, an der man die linke Straße nehmen muß. Und nach weiteren 200 m kommt noch einmal eine Gabelung, diesmal mit deutlicher Beschilderung: man nimmt noch einmal die linke Straße, kommt auch von dieser Seite in ein Wäldchen (dasselbe natürlich) und findet nach Bewältigung einiger Kurven den gesuchten Ort zur Linken.

Übrigens liegen hier im Umkreis von vielleicht 40 km noch zahlreiche weitere Quellen kleinerer Flüßchen. Möglicherweise ist ja auch dies mit ein Grund dafür, daß sich die Gallier hier in der burgundischen Landschaft so wohl gefühlt haben. Die nächstgelegene Quelle ist die des Ignon, die durch einen Wanderweg (ca. 3 km) mit der Seinequelle verbunden ist.

Châtillon-sur-Seine

Châtillon-sur-Seine und der Schatz von Vix

Die kleine 8000-Seelen-Stadt Châtillon-sur-Seine im Norden des Departements Côte d'Or liegt an der Durchgangsstraße N 71 und wird von frühmorgens bis in die späten Abendstunden von schwerem LKW-Verkehr heimgesucht. Doch auch dieser kleine Nachteil kann die Verdienste des Ortes als beschauliches und gastliches Provinzstädtchen nicht schmälern. In den Cafés und Restaurants ist jeder freundlich (kein Vergleich mit der Massenabfertigung in den Touristenzentren), die Hotels sind klein, sauber und preisgünstig, und erfreulicherweise liegen nur wenige von ihnen direkt an der lärmenden Hauptverkehrsstraße.

Vor 2500 Jahren war es hier zwar bei weitem noch nicht so betriebsam wie heute; die wenigen Menschen, die damals hier wohnten, werden vielleicht ein- oder zweimal am Tage Durchreisende erblickt haben. Doch für die Verhältnisse der Zeit war auch das schon enorm viel. Andernorts erhielt man höchstens alle paar Monate einmal Besuch – und dann zumeist in Gestalt marodierender Räuberbanden. Aber hier in Latisco – so hieß die Stadt auf dem Berg 6 km nördlich von Châtillon-sur-Seine, der heute *Mont Lassois* heißt – hier in Latisco, da wohnte man an einer der ganz großen Verkehrsverbindungen der Zeit, einer transkontinentalen Landstraße, auf der Kupfer und Zinn aus den Bergwerken Britanniens bis in die Mittelmeerländer transportiert wurden. *Zinnstraße* oder auch *Kupferstraße* wird dieser jahrtausendealte Weg darum heute genannt. Seinerzeit wurde er natürlich nicht von einer befestigten Trasse markiert, sondern einfach durch die begünstigende Beschaffenheit des Geländes vorgegeben und durch sich formierende Menschenansiedlungen an geeigneten Relaisstationen in seinem Verlauf auf Jahrhunderte festgeschrieben. Solche Wege sind eigentlich die langlebigsten Zeugen der Vergangenheit, die wir kennen – wie uns die Brummis noch heute lautstark klarmachen. Und solche Wege waren immer die einflußreichsten Quellen, aus denen menschliche Ansiedlungen sich mit Größe, Macht und Wohlstand speisten – wie beispielhaft die Funde aus der Region um Châtillon-sur-Seine zeigen.

Die gesamte Region ist für die Archäologen eine wahre Fundgrube im Wortsinne gewesen, und sie ist es noch immer. Zahlreiche Fundstellen und Ausgrabungsorte um Châtillon herum, vor allem im Forêt de Châtillon bei Essarois (Tempel), sowie in der Umgebung des Mont Lassois lassen den Schluß zu, daß die Region schon in vorgeschichtlicher Zeit recht dicht besiedelt gewesen sein muß. Auf dem Mont Lassois selbst befand sich eine befestigte Siedlung. Die Scherben, die ihre Bewohner der Nachwelt hinterlassen haben, stammen von griechischer Keramik des ausgehenden 6. Jh. v. Chr., woraus wir nicht nur die Zeit, zu der die Siedlung existierte, schließen können, sondern auch vermuten dürfen, daß unter den Bewohnern einflußreiche Adlige waren, die von dem transkontinentalen Kommunikationsnetz, an das sie angeschlossen waren, profitierten. Wie wohlhabend diese Adelsschicht gewesen sein muß, das zeigen vor allem die fünf Fürstengräber, die man im Bannkreis dieses frühkeltischen Adelssitzes fand: das weltberühmte Grab von Vix, zwei Gräber in der Nähe des Ortes Ste-Colombe, eines bei Cérilly und eines bei Étrochey.

Wegbeschreibung zu den Fundorten: *Zum Mont Lassois und nach dem Dörfchen Vix zu Füßen des Berges verläßt man Châtillon-sur-Seine in Richtung Norden (Troyes) über die N 71. Das nächste Dorf heißt Montliot. Am Ortsausgang sieht man auf der linken Seite bereits das Plateau des Mont Lassois, und an der nächsten Kreuzung geht es links ab über die D 118 nach Vix. Die Fundstelle des Fürstengrabes liegt irgendwo in den Wiesen längs der Seine. Der Weg auf den Mont Lassois hinauf ist nicht schwer zu finden, zu sehen gibt es allerdings nur ein Kirchlein aus dem 12. Jahrhundert, der*

Gipfel *(die letzten paar Meter)* ist in Privatbesitz und kann nicht betreten werden. Étrochey und Ste-Colombe erreicht man über die D 118 von Vix aus. Cérilly liegt an der D 965, 6 km westlich von Châtillon. Von der historischen Bedeutung der Orte kann man freilich höchstens in der burgundischen Landschaft noch etwas zu erspüren versuchen. Alles, was es von diesen Schauplätzen zu sehen gibt, sind die Grabinhalte, und die sind heute im Archäologischen Museum von Châtillon-sur-Seine ausgestellt.

Das Fürstengrab von Vix. Im Saal V des Archäologischen Museums stehen die Funde aus dem berühmtesten und besterhaltenen Fürstengrab: der sogenannte Schatz, der *Tresor de Vix.* Das Grab (1953 gefunden und ausgegraben) muß einmal von einem stattlichen Hügel bedeckt gewesen sein (5–6 m hoch, 42 m Durchmesser), der aber schon in römischer Zeit – wohl zur Ge-

Archäologisches Museum

winnung von Nutzfläche – eingeebnet wurde – ein Schicksal, das vielen anderen Gräbern ebenfalls widerfuhr. Das Grab war 2,30 m tief im Boden und nicht geplündert. Das menschliche Skelett, das darin gefunden wurde, ist inzwischen zu einer der berühmtesten Persönlichkeiten der frühkeltischen Geschichte avanciert und wurde bekannt unter dem Namen *Fürstin von Vix.*

Der Leichnam dieser Fürstin lag auf einem prächtigen Wagen, dessen Räder abmontiert und an die Seite des Grabes gelehnt waren. Ihre Gewänder waren von sieben sogenannten *Fibeln* – einer frühgeschichtlichen Variante der Sicherheitsnadel – zusammengehalten. Diese Technik ist erst seit der späten Hallstattzeit bekannt; vorher hatte man einfache Nadeln zur Befestigung der Gewänder benutzt. An Armen und Beinen trug die Verstorbene reichen Schmuck, Reifen aus Bronze und Schiefer, mit Bernsteinperlen besetzt. Den Kopf schmückte ein mächtiger Goldreif, und um den Unterleib hatte man ihr einen Bronzereifen gelegt, der mit Lederbändern umwickelt war; die unterschiedliche Patina von der Umwicklung kann man heute noch sehen. Der Bestatteten hatte man zahlreiche Gefäße mit auf die Reise ins Jenseits gegeben, von denen die meisten mit Gewißheit Importe aus dem Mittelmeerraum waren. Die prächtigste und eindrucksvollste Grabbeigabe von allen aber ist ein Gefäß aus Bronze mit wahrhaft riesigen Ausmaßen: der *Krater* oder die *Vase von Vix* mit einer Höhe von 1,64 m, einem Gewicht von 208 kg und einem Fassungsvermögen von 1,1 m^3. Er zeigt griechisches Design. An seiner Oberkante verläuft über den gesamten Umfang ein Fries, auf dem ein und dasselbe Motiv in mehrfacher Wiederholung abgebildet ist: ein vierspänniger Streitwagen und ein waffentragender Soldat, ein Hoplit. Auf den Henkeln sind große, fratzenhafte Gorgonengesichter neben bedrohlich wirkenden Schlangen abgebildet. Der Krater war für den Transport zerlegt worden und wurde an Ort und Stelle zusammengesetzt. Die einzelnen Teile tragen noch griechische

Buchstaben, die als Merkzeichen für das Zusammensetzen dienten. Es ist ein seltsames Gefäß, über dessen Sinn und Zweck die Experten nichts Sicheres wissen. Man muß es im Original sehen, um einen Eindruck von seiner Rätselhaftigkeit zu bekommen. Es ist griechisch, aber viel zu unproportioniert, um klassisch zu wirken. Es scheint ein rituelles Gefäß zu sein, will aber mit den zierlichen Dimensionen der anderen Grabbeigaben (einschließlich des Wagens) überhaupt nicht zusammenpassen. »[Ich] werde . . . den Verdacht nicht los«, sagt Gerhard Herm, der ein bekanntes Buch über die Kelten geschrieben hat, »das ganze Stück sei ausschließlich für den Export in unterentwickelte Länder geschaffen worden, so wie in unseren Tagen die Autos mit vergoldeten Kühlergrills, die das Herz afrikanischer Machthaber erfreuen sollen.«

Mit seiner prächtigen Grabausstattung – und wegen des Fehlens jeglicher latènezeitlicher Elemente – gehört der Fund eindeutig zur Hallstattkultur. Die Fürstin muß irgendwann zwischen 480 und 450 v. Chr. gestorben sein. Woher man das so genau weiß? Nun, von der im Grab gefundenen griechischen Keramik. Griechische Keramik kann nämlich für Archäologen – und in gewisser Weise auch für Laien – ein aufschlußreiches Datierungsmittel sein, weil um das Jahr 530 v. Chr. in Griechenland die Technik der Bemalung deutlich verfeinert wurde. Früher hatte man alle Figuren mit schwarzem Firnis auf den roten Ton gemalt und Einzelheiten (wie Augen, Gewänder etc.) durch Einritzen hinzugefügt; das Ergebnis waren *schwarzfigurige* Gefäße. Ab ca. 530 v. Chr. nun wurden die Figuren mit feinem Pinselstrich gezeichnet und die Zwischenräume schwarz gefirnißt; die so entstandene Keramik nennt man *rotfigurig*. Ab ca. der Mitte des 5. Jahrhunderts wurden nur noch rotfigurige Gefäße gefertigt. Die griechischen Schalen, die im Grab von Vix lagen, sind schwarzfigurig und müssen so um das Jahr 500 v. Chr. gefertigt worden sein. Nachdem sie von den griechischen Lieferanten gekauft worden waren, dienten sie sicher noch einige Jährchen dazu, die Lebenden zu erfreuen, bevor sie schließlich der Toten mitgegeben wurden. Das heißt, spätestens um die Mitte des 5. Jahrhunderts müssen die Schalen hier im Grab gelandet sein.

Das Golddiadem, das die Verstorbene um den Kopf trug (es ist hohl), hat ein Gewicht von 480 g. Es ist ein sichelförmiger, also nach einer Seite hin offener Reif, der im ganzen sehr klobig wirkt, aber an den äußeren Enden je eine Löwentatze und ein winziges geflügeltes Pferd mit unglaublich feingliedriger Ziselierung aufweist. Ob es sich um einen Import von der Iberischen Halbinsel (nach Spindler) oder um eine skythische Arbeit (nach Moreau) handelt, läßt sich anhand der veröffentlichten Meinung anscheinend nicht ganz klären. Doch es ist unbestritten, daß es in der ganzen antiken Welt keine vergleichbare Arbeit gibt.

Recht eindrucksvoll nimmt sich auch der Fürstenwagen aus: die Teile sind teils im authentisch vorgefundenen Zustand ausgestellt, teils aber auch durch Nachbildungen ergänzt – Nabe und Reifen z.B. sind vervollständigt durch hölzerne Speichen. Ein verkleinertes Modell des Wagens macht anschaulich, wie all die gefundenen Teile zusammengehören. Die Ausstellung vermittelt so zugleich einen Einblick in die Keltenwelt und in die Welt und Arbeit der Archäologen. Fotos von den Originalfundstellen und ein Übersichtsplan über das Fürstengrab in seiner Gesamtheit machen weiter deutlich, wie die Fürstin begraben war.

Der Besucher sieht deutlich, daß der Wagen ein reiner Kultwagen gewesen sein muß, der sich nur für feierliche Umzüge und Bestattungen eignete; zur normalen Nutzung wäre dieses Fahrzeug in seiner Bauweise viel zu leicht gewesen. Daß ein Wagen mit ins Grab gelegt wurde, legt auch Rückschlüsse auf die Religion der Kelten nahe: Vielleicht sollte ja der Verstorbene damit ins Jenseits fahren. Aber warum waren dann die Räder abmontiert und an die Seitenwand gelehnt? Eine Frage, auf die die Fachleute keine Antwort parat haben.

Die Funde des Fürstengrabes von Vix bezeugen sowohl einen

außerordentlichen Reichtum der Bewohner von Latisco als auch deren Handelsverbindungen mit Griechenland. So ein Reichtum kann schlechterdings nicht durch einheimische Wirtschaftsproduktion erarbeitet worden sein, sondern nur durch rege Handelstätigkeit (wohlmöglich in Form von Raubrittertum?) mit den vorüberziehenden Zinnkarawanen. Und genau hierin liegt die allgemeine historische Bedeutung des Fundes: er ist nämlich der archäologische Nachweis, daß es eine keltische Aristokratie gab, die sich an wichtigen Verkehrsknotenpunkten entwickelt hatte. Diese hallstattzeitlichen Aristokraten lebten nicht in regional organisierten Stammesverbänden, sondern waren überregional, über enorme Distanzen miteinander verwandt, verschwägert oder versippt, bildeten also ein quasi-feudalistisches System, wie es in Europa erst viel später, nämlich im Mittelalter, noch einmal bekannt wurde. Dem Fürstenhaus von Vix hat man Querverbindungen mit anderen Adelssippen in Südfrankreich und im Rhônetal (le Pègue) nachgewiesen, während ihr Einfluß im Burgunder Land über den Bannkreis des Mont Lassois nicht wesentlich hinausgereicht zu haben scheint.

Der Fund von Vix zeugt aber nicht allein von einer Zeit des Wohlstands, sondern auch von einer Zeit des Wandels. Obwohl er aus einer Epoche stammt, in der die Verwendung des Eisens schon seit mindestens zweihundert Jahren bekannt war, sehen wir, daß die gute alte Bronze noch immer einer der Hauptwerkstoffe war – nicht für Waffen und Werkzeuge zwar, aber für Schmuck- und Kultgegenstände: der spektakulärste Fund dieses eisenzeitlichen Grabes, der Krater, ist aus Bronze! Doch dann stehen wir mit diesem Fürstengrab auch noch an einer ganz anderen Art von Übergangslinie. Aus derselben Zeit, während der hier am Mont Lassois noch ganz im Pomp der Hallstattzeit bestattet wird, kennen wir andererseits bereits die frühesten latènezeitlichen Funde; sie allerdings wurden durchweg weiter östlich gemacht. Als man die Fürstin von Vix auf ihren Kultwagen bettete, rückten im Osten schon die Träger der Latènekultur heràn.

Das ist archäologisch natürlich alles sehr interessant. Aber der geschichtlich Interessierte verlangt doch immer noch nach ein bißchen mehr: Er möchte handelnde Menschen sehen. All die vielen kleinen ungelösten Rätsel, die der Fund von Vix aufgibt, sind darum noch vergleichbar unbedeutend angesichts der einen großen Frage:

Wer war die Fürstin von Vix?

Die Fürstin von Vix – sie war die Zeitgenossin des Persers Darius (550–486), des Griechen Themistokles (525–460) und des Römers Tarquinius (534–510). Aber war sie auch von gleicher Geburt wie diese? So fragt ein in Frankreich erschienener Reiseführer zum prähistorischen Frankreich.

Da die geheimnisvolle verstorbene Person eine Perlenkette und einen Hüftring, aber keine Waffen trug, hat man vermutet, daß es sich um eine Frau gehandelt haben müsse. Ein später angefertigtes anthropologisches Gutachten spricht von einer 30–35 Jahre alten Frau nordischen Typs. Inzwischen wird aber an der Richtigkeit dieser Einschätzung gezweifelt. Waffen, so heißt es, seien ohnehin nur in 10 Prozent aller Männergräber gefunden worden, die ganze Ausstattung der verstorbenen Person sei nicht typisch weiblich, der Goldreif sei sogar eindeutig männliches Attribut, und das anthropologische Gutachten müsse, wenn man von einem zierlicheren, mediterranen Menschentypus ausgehe, auch anders ausfallen. War die Fürstin von Vix also ein Mann? Wenn das denn möglich ist, dann könnte die verstorbene Person vielleicht ein Druide gewesen sein, also ein Priester, für den das Fehlen von Waffen sowie weibliche Elemente in der Kleidung einleuchtend wären (Spindler). Diese Kaste der heiligen Männer genoß ja, wie wir wissen, zu manchen Zeiten durchaus erheblich höheres Ansehen als die gerade zufällig regierenden Räuberhauptmänner, die sich Könige nannten. Eine prunkvolle Grablegung wäre eines Druiden durchaus würdig gewesen.

Interessanterweise vermuten heutzutage sogar jene Forscher, die weiterhin vom Leichnam einer Frau ausgehen, daß die Verstorbene eine hochgestellte Person mit Priesterfunktionen war (Hatt). Dafür spricht vor allem die Anwesenheit des überdimensionalen Kraters, den man eigentlich nur als Opfergefäß für Blut interpretieren kann. Welches Geschlecht also die archäologischen und medizinischen Gutachter der »Fürstin« auch immer attestieren mögen – solange man uns nichts Gegenteiliges beweisen kann, darf uns keiner verbieten zu glauben: Die Fürstin von Vix war ein Druide.

Vertault, einst Vertillum

Nur 20 km trennen die beiden Dörfer Vertault und Vix. Doch der historische Sprung, den wir auf diesem Weg machen – von den frühen Kelten der Hallstattzeit zu den Galloromanen des 1. Jahrhunderts n. Chr. –, umfaßt ca. 500 Jahre. Obwohl diese beiden Welten ungefähr so viel gemeinsam haben wie das 20. Jahrhundert und die Renaissance, gehören sie beide mit gleichem Recht zur Welt der Gallier.

Vertault liegt zu Füßen eines Hügels, auf dem ein gallorömisches *Oppidum* namens *Vertillum* lag. Es war Julius Cäsar, der für die befestigten Städte in Gallien den Begriff *Oppidum* einführte, um seinen Landsleuten mitzuteilen, daß die Gallier entgegen der geläufigen Meinung nicht mehr nur in primitiven Dörfern wohnten. Den Namen *Vertillum* fand man bei den Grabungen auf einer Originalinschrift. Der Ort Vertillum entwickelte sich erst in gallorömischer Zeit (1. Jh.) zu voller Blüte, ist aber in seiner Grundanlage eindeutig vorrömisch. Typisch dafür ist seine Hügellage. Die Römer verlegten, anders als die Gallier, nämlich ihre eigenen Stadtgründungen fast immer in die Ebene (vgl. Autun, Aix-en-Provence, Narbonne). *Vertillum* aber ist eine typische keltische Spornanlage. So eine Anlage bestand aus einer Erhebung mit steilen Flanken, die nur von einer Seite einen natürlichen Zugang hatte. Diesen Zugang befestigte man künstlich mit einem mächtigen Wall, den man sicherheitshalber gleich um den gesamten Hügel herum zog und in dessen Innern man sich wohnlich oder auch nur zum Schutz niederließ. Die Bewohner konnten über eine schmale Durchfahrt in diesem Schutzwall Zutritt zum Innern erhalten, aber jedem unerwünschten Besucher konnte man den Eintritt leicht verwehren.

Die Wehrmauer der Spornanlage von *Vertillum* ist recht gut erhalten; man kann auf ihr spazierengehen und sich dabei das Konstruktionsprinzip dieser Art von Stadtarchitektur anschaulich vor Augen führen. Der Rundgang ist ca. 2,5 km lang. An seiner flachsten Stelle ist die alte Stadtmauer als mächtiger Erdwall besonders deutlich zu erkennen. Cäsar machte in seinen Schriften vom Gallischen Krieg diese Art von Mauer berühmt; er nannte sie »murus gallicus« (= gallische Mauer). Statt einfach einen riesigen Erdwall aufzuschütten, bauten die Gallier aus dicken Balken, die sie in mehreren Schichten einmal quer, einmal längs übereinanderlegten, zunächst ein selbsttragendes Holzgerüst, dessen Zwischenräume sie mit Steinen und Erde füllten. Man erkennt, daß die Kelten gute Zimmerleute, wenn auch keine richtigen Baumeister waren. Das Ergebnis ihrer Mühen war aber immerhin ein Verbundwerkstoff, dem die Angreifer weder mit dem Rammbock beikommen konnten (das Holz war nicht spröde genug) noch mit Feuer Schaden beizubringen vermochten (Sand brennt nicht). Die Außenseiten wurden mit behauenen Steinblöcken verblendet. Gemäß Cäsars Beschreibungen haben die Archäologen einen kleinen Teil der Mauer im Stile dieses *murus Gallicus* wieder aufgebaut – ein bißchen hübscher und akkurater, als es die Kelten wahrscheinlich vermochten.

Wegbeschreibung: Von Vix nach Vertault. *Von Vix fährt man über die D 118 nach Pothières, biegt dort gleich hinter der Kirche links ab auf die D 16 und fährt über Bouix, Poinçon-les-Larrey und Larrey bis zur Kreuzung mit der D 953 (dies sind von Vix ca. 18 km); jetzt biegt man rechts ab und fährt noch 1,5 km über die D 953 bis Villedieu; dort angekommen, findet man, nach links weisend, das erste Schild zum »Site de Vertillum«. Man gelangt nach 1 km nach Vertault, fährt durch den Ort hindurch, bis man genau zu Füßen jenes Hügels angelangt, auf dem die Reste von Vertillum liegen, und biegt dort, wo es nicht mehr weitergeht, nach links auf die Straße, die hinauf auf den Hügel führt. An der höchsten Stelle der Straße angekommen, erkennt man zur Rechten die deutlich sichtbare Rekonstruktion der Wehrmauer.*

Vertault: Murus gallicus

Rundgang über den »Site de Vertillum«. Hundert Meter links von dem rekonstruierten Stadtmauerteil gibt es einen modernen Durchbruch mit einigen Hinweisschildern auf Sehenswürdigkeiten und Ausgrabungen im Innern des Oppidums. Fünftausend Menschen haben einst auf dem Gipfel dieses 200 m hohen Hügels gewohnt. Und man muß heute vom Zugang aus schon etliche hundert Meter über einen Feldweg gehen, bis man zu den Grundmauern des ersten ausgegrabenen Gebäudes kommt – eines sogenannten Tempels –, welches allerdings, wie man heute annimmt, nicht zum Zweck religiöser Handlungen, sondern für öffentliche Zusammenkünfte benutzt wurde.

Man geht 50 m weiter, biegt dann links ab, dem gelben Pfeil folgend, und kommt mitten in einem Waldstück auf ausgegrabene Thermen.

Zurück auf dem Hauptweg, geht man nunmehr dem schwarzen Pfeil nach; es ist wieder ein recht langer Weg (300 m), und man kommt zu einem unterirdischen Wohnkomplex. Man kann noch zahlreiche architektonische Einzelheiten erkennen: gut erhaltenes Mauerwerk, Nischen, die zur Aufbewahrung von Hausheiligen gedient haben, Speicherräume sowie Treppenstufen für den Einstieg in die unterirdischen Gefilde. Diese Bauweise geht auf vorrömische gallische Traditionen zurück.

Ein Schild mit der Aufschrift »Remparts« führt den Besucher auf den Weg zurück zur Stadtmauer an der Straße.

Einige Impressionen vom Leben im gallorömischen Vertillum. Aus den Funden, zu deren Besichtigung man sich (noch einmal) ins Archäologische Museum von Châtillon-sur-Seine begeben muß, konnten die Archäologen schließen, daß die Bewohner von Vertillum einst in großem Wohlstand gelebt haben müssen. Kostbare Gebrauchsgegenstände, u. a. versilbertes Bronzegeschirr, eine »Schreibtisch«garnitur mit sage und schreibe zwei Tintenfässern für verschiedenfarbige Tinten (Vitrine 19 im Museum) zeugen sogar von einem fast modern anmutenden Luxus. Besonders eindrucksvoll ist aber für den Besucher des Museums die große Fülle von – übersichtlich angeordneten – Gebrauchsgegenständen des Alltagslebens (aus Handwerk, Handel, Verwaltung, Medizin). Sie sind in zahlreichen Vitrinen übersichtlich nach Berufsgruppen ausgestellt und geben über den technischen Stand des Lebens in der gallorömischen Stadt Aufschluß. Viele Werkzeuge, z. B. für den Tischler, sind schon nahezu baugleich mit unseren modernen. Andere, z. B. die erstaunliche Sammlung von Schlüsseln, sind phantasievoll umständliche Vorläufer moderner Bauarten. Und wozu man wohl all die vielen verschiedenartigen Schreibgriffel gebraucht haben mag? Wahrscheinlich sind sie stumme Zeugen einer längst vergangenen emsigen – und vielleicht hochentwickelten – Verwaltungstätigkeit.

Um seine Gesundheit war der Mensch ja immer besorgt. Zu derselben Zeit, als dahinsiechende Kelten an der Quelle der Seine Votivgaben darbrachten, um von der Flußgöttin Sequana Heilung zu erflehen, da praktizierte man in Vertillum bereits die brutalste Apparatemedizin. Die ausgestellten chirurgischen Instrumente lassen jedenfalls das Schlimmste vermuten. Neben der sanften keltischen Medizin war diese moderne harte Medizin allerdings ein römischer Import – genaugenommen sogar ein griechischer, denn die Griechen hatten das Wissen nach Italien gebracht, und selbst in Gallien waren es vor allem Ärzte griechischer Abstammung, die dieses Wissen pflegten. Wer nicht schon allein bei der Betrachtung der Messer und Pinzetten ein gruseliges Kribbeln unter den Nackenhaaren verspürt, der mag in den Aufzeichnungen des römischen Enzyklopädisten Celsus nachlesen, wie zum Beispiel die Augenärzte eine Operation des grauen Stars *lege artis,* d. h. fachmännisch durchführten (nach Duval, *Gallien*): »Das linke Auge muß mit der rechten Hand und das rechte mit der linken behandelt werden. Man nimmt eine Nadel und sticht sie gerade durch die beiden äußeren Häute in die Mitte des Raumes zwischen dem Dunklen des Auges und dem schläfenwärts liegenden Augenwinkel und in einem gewissen Abstand vom grauen Star, so daß keine Ader verletzt wird. Man kann die Nadel ohne Zögern einschieben, denn sie trifft in einen Hohlraum. Man neigt sie zum Star hin; dort gibt man ihr eine leichte Drehung und führt langsam den Star unter das Feld der Pupille, danach drückt man sie kräftig, um ihn in den unteren Teil des Auges zu schieben. Wenn er dort hält, ist die Operation beendet.« Und wenn er dort nicht hält – ja, dann beginnt (nach den Aufzeichnungen des Celsus) ein derart gnadenloses, zerstörerisches Gestocher, daß man schon allein beim Lesen lieber erblinden möchte, als je ein vom grauen Star geplagter Gallier gewesen zu sein.

Der Morvan: Keltischer Zauberwald

Blättern wir einen x-beliebigen Band der Asterix-Heftchen durch. An was für Orten kämpfen die beiden gallischen Energiebündel gegen die leicht belemmerten Römer – wenn sie sich nicht gerade in feindlichen Lagerstellungen verstecken oder in fremden Ländern umherreisen? Zumeist im Walde! Und zwar in einem Wald, in dem man zwischen zwei fröhlichen Balgereien mit römischen Soldaten schnell mal ein paar Wildschweine fangen kann, einem Wald, in dem man sich verstecken und auf die Lauer legen kann. Der Wald der Comic-Kelten ist trotz Krieg und Kampf ein friedlicher, ein heimeliger Ort – jedenfalls für die einheimischen Gallier. Aber zugleich ist in dem Wald auch immer die übernatürliche Welt zu Hause: die Welt der toten Seelen und die Welt der Magie. Denn es ist derselbe Wald, in dem die Dolmen und Menhire mit der gleichen Selbstverständlichkeit herumstehen wie die Bäume, und zwar jene Bäume, auf denen der Druide Misteln schneidet, um Zaubertränke zu bereiten. Ein typisch keltischer realer Zauberwald.

Es gibt in Frankreich mehrere Wälder, die als Vorbild des Gallier-Waldes in Frage kommen könnten. In der Bretagne, wo die Comic-Gallier ja zu Hause sind, könnte man ihre Wirkungsstätten im Wald von Paimpont oder im Wald von Huelgoat vermuten. Leider sind diese Wälder inzwischen weitgehend dem sauren Regen zum Opfer gefallen. Wenn wir darum im Gallierland Burgund Ersatz suchen wollen, dann kann unsere Wahl nur auf den Morvan fallen. Schon der Name ist ein keltisches Wort; er bedeutet ›Schwarzwald‹. Der stark bewaldete Gebirgszug des Morvan, dem es an landschaftlich spektakulären Orten mangelt, hat eine Unzahl von hohen, steilen, aber flachen Gipfeln (der höchste ist über 900 m), auf denen die Gallier sich heimisch fühlten. Er ist die Heimat des von Cäsar berühmt gemachten

Morvan: Blick vom Mont Beuvray

Stammes der Häduer und ihrer Hauptstadt Bibracte auf dem Mont Beuvray, des wahrscheinlich größten aller Oppida der vorrömischen Zeit.

Obwohl der Morvan in unserer Zeit Frankreichs Hauptlieferant für Weihnachtsbäume ist, bleibt er das »Schwarze Gebirge« – ein Gebiet, auf dessen Boden Phantasie und keltische Fabulierkunst bis heute gut gedeihen. Eine reiche Fülle von Märchen, Sagen und Legenden ist aus dieser Landschaft bekannt; und in der Phantasie sind die »Schwarzen Berge« dicht bevölkert von Drachen, Geistern, Kobolden und Ungeheuern aller Art. Vielleicht also kein Wunder, wenn die Menschen dieses Landstrichs ihren Nachbarn nach wie vor unheimlich sind: »Aus dem Morvan – kein guter Wind und keine guten Leute«, sagt man in Frankreich abfällig. Und wenn man das schon sagt – dann wird's wohl kaum zutreffen. Trotzdem freuen sich die Bewohner des Morvan, daß

sie andererseits schon im 19. Jahrhundert von einem – da[...]
berühmten – ausländischen Besucher, nämlich dem englisch[...]
Schriftsteller Walter Pater, das Kompliment erhielten, ihr Land[...]
sei der perfekte Ausgleich »zwischen rauhem Norden und rei-
chem Süden«.

Berühmte und viel besuchte Touristenstadt am Nordrand des
Morvan ist Vézelay (der Name soll übrigens auf einen gallorömischen Grundbesitzer namens Vercellus zurückgehen) mit seiner
romanischen Abteikirche Ste-Madeleine. Es lohnt sich, hier den
Weg zu den gallischen Schauplätzen des Morvan zu beginnen.
Man geht die steile Straße zur Abteikirche hinan, vorbei an
hübsch ausgestatteten Boutiquen, Cafés und Restaurants, die
dem Besucher das Gefühl geben, ein lohnendes Reiseziel gewählt zu haben. Vor allem, wer der Meinung ist, daß die Qualität
eines Reisezieles am besten an den gastronomischen Preisen
gemessen werden kann, der wird hier eher auf seine Kosten
kommen als in den touristisch abgelegeneren Orten, die ihm
noch bevorstehen. Oben bei der Abteikirche angekommen,
sollte man sich in die Parkanlagen auf der Rückseite begeben,
wo es – umsonst – einen Panoramablick auf den Morvan zu genießen gibt. Danach kann man sich – gut orientiert – auf den
Weg vom Mittelalter zurück in die Antike machen. Denn ganz in
der Nähe von Vézelay liegen zwei gallorömische Orte, von denen einer sogar eine bis in die Steinzeit zurückreichende Geschichte hat.

Wenn man heute als Besucher an dem Ort, der auf französisch *Fontaines Salées* (= ›salzige Quellen‹) heißt, von dem lauwarmen Mineralwasser kostet, das dort aus der Erde sprudelt, dann sollte man sich bewußt sein, daß derselbe salzige Geschmack wahrscheinlich schon auf den Lippen von Steinzeitmenschen, mit Sicherheit aber in den Kehlen hallstattzeitlicher Kelten gebrannt hat.

Im Jahre 1934 grub man hier neunzehn dicke Eichenstämme aus. Sie maßen 80 cm im Durchmesser, waren innen mit Hilfe von Feuer ausgehöhlt worden und hatten einst als Brunnenfassungen gedient. Ihr Alter wurde mit der C-14-Methode auf maximal 3000 Jahre geschätzt – sie datierten also aus der frühen Eisenzeit. Die Vermutung geht, daß die Hallstattkelten die heilenden Wasser des Ortes gemäß ihrer Religion als heilige Wasser verehrten und hier ein religiöses Zentrum hatten. Aus dem 1. Jahrhundert v. Chr., also der Epoche der Latènekelten, ist ein religiöses Kultbecken erhalten, das von einem kleinen Tempel, einem sogenannten *Fanum* überdacht war; es lag im Zentrum eines ringförmigen heiligen Bezirkes, dessen Verlauf gut zu erkennen ist. Die Römer führten den Ort einer praktischeren Nutzung zu, ohne ihn freilich seiner religiösen Bedeutung zu entkleiden: Sie verwandelten das schlichte gallische Naturheiligtum in einen mondänen Kurort, wo gutbestallte Gallier sich der Körperpflege und der Genesung, aber auch der Geselligkeit, dem Ringkampf und der religiösen Einkehr widmen konnten. Die Bäder wurden nach römischem Vorbild mit einem *frigidarium* (Kaltwasserbekken), einem *tepidarium* (Warmwasserbad) und einem *caldarium* (einem heißen Dampfbad) sowie Massageräumen und anderen der Körperpflege dienenden Bequemlichkeiten ausgestattet. Die Badegäste konnten die Einrichtungen nach ausgeklügelten

Programmen benutzen; ein häufiger Zweck dieser Benutzung war schon damals das Abspecken überflüssiger Pfunde. Zwischen dem 1. und dem 3. Jahrhundert wurden die Anlagen in mehreren Bauabschnitten jeweils umgebaut, vergrößert und verbessert. Schließlich gab es sie sogar komplett in doppelter Ausführung: einmal für Männer und einmal für Frauen.

Auf dem Foto sieht man den kreisförmigen Grundriß des *tepidariums* für die Männer. Die breiten Rinnen in dem inneren Kreis dienten zur Beheizung des Beckenbodens.

Im 4. Jahrhundert wurde noch eine Sauna angebaut. Doch bald darauf wurde dem Luxusleben von einfallenden germanischen Stämmen ein Ende bereitet. Danach wurde der Ort nur noch zur Salzgewinnung benutzt, zunächst legal, schließlich von schwarz schürfenden Anwohnern auch illegal (das galt als Steuerhinterziehung).

Meterhohe Zypressen säumen den Weg durch die Parkanlage, die die Fontaines Salées heute umgibt. Wenn man aus ihrem Schatten tritt, sieht man vor sich zu Füßen die bizarren Konturen, die den Grundriß der ausgegrabenen gallorömischen Funda-mente bilden. Konzentrische Kreise zur Linken, zur Rechten so-wie fern im Hintergrund; dazwischen die geradlinigen Grund-mauern der verbindenden Gebäudetrakte; rechtwinklig angelegte Wandelgänge, deren erhaltene Reihen von Säulen-stümpfen erkennen lassen, daß es einst überdachte Kolonna-den waren, unter denen die Badegäste zwischen Beckenhaus und Balsamierräumen (den sogenannten *elaeothesia*) erfrischt hin und her wandelten. Unordentlich versprengt zwischen den ordentlich rechtwinkligen Grundmauern der römischen Epoche sieht man die mit hölzernen Umrandungen eingefaßten Brun-nen der Hallstattzeit.

Die archäologischen Funde der Fontaines Salées, namentlich ei-ner der mächtigen Eichenschäfte, sind im Museum des nahen St-Père ausgestellt, welches man mit demselben Billet wie die Gra-bungen besuchen kann.

Der Wald von Chauffour-Ferrières

Von den Wäldern des Morvan, an deren äußerem Rand Vézelay liegt, heißt einer *Forêt de Chauffour-Ferrières*. Der Name ist gallorömischen Ursprungs; er kommt vom lateinischen *ferrum* (= ›Eisen‹) und erinnert daran, daß in diesem Wald die gute keltische Tradition der Eisenverarbeitung gepflegt (vgl. die Ausführungen zum eisenverarbeitenden Handwerk in Alise-Ste-Reine) und mit römischem Organisationstalent rationalisiert wurde. Ausgrabungen beweisen das. Sie liegen gut im Wald versteckt.

Anfahrt: *Wer die Orte der vorhergehenden Reisestation in der beschriebenen Reihenfolge besucht hat und also am Ende in St-Père angekommen ist, der mag nun den etwas einfacheren Weg zu den Grabungen im Forêt de Chauffour-Ferrières nehmen, indem er zurück nach Vézelay fährt und dort die zunächst serpentinenreiche D 951 in Richtung Clamecy nimmt. Nach 5 km kommt links eine kleine asphaltierte Straße, die in die Wälder hineinführt; an ihr ist ein braunes Hinweisschild auf die gallorömische Fundstätte aufgestellt. Jetzt nur noch ca. 1 km im Zickzack durch den Wald, und man kommt rechts auf einen nicht-asphaltierten Weg, der zu der historischen Stätte führt.*

Etwas schwieriger ist der Weg zu finden, wenn man sich von der anderen Seite, also von den Fontaines Salées und über die Dörfer, der Fundstelle nähern möchte; aber auch dieser Weg hat seine Reize: Man fährt erst einmal ein Stückchen weiter nach Süden über die große D 958, nach 1 km biegt man rechts ab auf die D 53 nach Seigland. Nach der Ortsdurchfahrt geht es jetzt immer geradeaus erst über eine Abzweigung (nach links Sæuvres) und dann über eine Kreuzung (links nach Fontenay-près-Vézelay, rechts nach Vézelay) hinaus. Wenn man diese zwei Scheidewege richtig gemeistert hat, kommt eine Kreuzung ohne Hinweisschild; hier biegt man rechts ab. Nach ein paar hundert Metern auf freier Strecke hat man nach rechts einen sehr schönen Blick auf Vézelay und seine Basilika, kurz darauf taucht man in den Wald ein. Nach ein paar Kilometern kommt dichter, hoher Buchenwald, und wo die Straße dann scharf nach rechts abbiegt, da zweigt nach links jener schon oben bezeichnete nicht-gepflasterte Zufahrtsweg zu den Ausgrabungsstätten ab.

Direkt an der Abzweigung ist ein kleiner Parkplatz, von wo man die letzten 300 Meter zu Fuß weitergehen sollte – auch wenn andere ohne Rücksicht auf den Wald oder auf die Achsaufhängung ihres Autos selbst dieses Stückchen Weg noch fahren zu müssen glauben.

Hier muß einmal eine recht beachtliche industrielle Anlage gestanden haben, wo neben der Eisenbearbeitung auch der Abbau und die Verhüttung von Eisenerz betrieben wurde. Man fand Schächte, in denen das Erz geschürft worden ist. Nach der Form dieser Löcher erhielt der Ort im Volksmund den Namen *Le Crot au Port*. Das Dialektwort ist gallischen Ursprungs und bedeutet *Wildschweingrube*.

Die gallorömische Eisenhüttenstadt brachte es seinerzeit zu beachtlicher wirtschaftlicher Bedeutung und lag an einer Kreuzung zweier römischer Straßen: die eine führte zu den Fontaines Salées, und eine zweite verband wichtige Punkte an den Ufern der beiden Flüsse Yonne und Cure miteinander. Die Villa des Betriebsvorstehers, deren Fundamente gut erhalten sind, zeugt noch heute von luxuriöser Austattung. Zweihundert Meter weiter im Wald (man muß ein bißchen suchen) findet man einen Merkurtempel, bzw. dessen 15 cm hohe Grundmauern – stummer Zeuge einer frühen Industrialisierung, die sich mit rein materiellen Werten nicht zufriedengab.

Die Geisterstadt im Wald von Compierre

Rund 40 km südwestlich von Vézelay, im Wald von Compierre nahe der D 34 zwischen den Dörfern St-Révérien und Champallement ragen auf einer Waldlichtung gespenstisch die Reste einer vergessenen gallorömischen Stadt aus dem Boden. *Site de Compierre* ist der moderne Name des Grabungsortes. Der lateinische Ursprung des Wortes *Compierre* ist nicht mehr bekannt. Die Ansiedlung lag auf einer Erhebung, deren Umland früher sumpfig war. Noch heute muß man vom Parkplatz aus einen leicht ansteigenden Weg nehmen, um die Grabungen zu besichtigen.

Anfahrt: *Der Wald von Compierre liegt im tiefsten Nirgendwo, weitab jeder größeren Stadt. Von Vézelay erreicht man ihn über die D 951 (Richtung Clamecy). Man fährt bis in das Dörfchen Dorнеобy; ziemlich am Ortsausgang, aber weit vor dem Ortsausgangsschild, biegt man links ab nach Villiers-sur-Yonne (über die D 279); bei der Einfahrt in diesen Ort überquert man auf einer alten Steinbrücke die Yonne (3 Brücken insgesamt); nach der letzten Brücke biegt man rechts und dann gleich wieder links ab; die Straße heißt jetzt D 143; nach ca. 300 m geht es dann links ab auf die D 34 nach Süden (Richtung Tannay und Brinon-sur-Beuvron). In Brinon-sur-Beuvron biegt man im Ortskern links ab; hier steht das erste touristische Hinweisschild auf den »Site de Compierre«. Im nächsten Dorf, Neuilly, rechts ab über die D 146, weiter dem Hinweisschild folgen und durch das Dorf Champallement hindurch. Nach einem Bauernhof rechts abbiegen und rund 300 m über einen kleinen Feldweg bis direkt an den Eingang des Grabungsortes heranfahren. Der Eintritt ist frei. Die Zufahrt ist übrigens Einbahnstraße; d. h., man kehrt in einer großen Schleife in anderer Richtung zur Hauptstraße, der D 146, zurück.*

Gleich am Zugang kann man auf einen noch ein paar Meter erhöhten Erdhügel klettern, von dem aus man einen guten Überblick über den größten Teil der Gesamtanlage hat. Gegenüber sieht man das Forum, in dessen Mitte die gut erhaltenen Grundmauern eines ungewöhnlich gestalteten Tempels, eines gallorömischen Fanums, zu sehen sind. Außen ist der Bau achteckig, innen rund. Diese Bauart ist nur aus Gallien bekannt, und auch hier sehr selten. Man vermutet, daß mit dieser Gestaltung irgendeine einheimische mystische Tradition aufgegriffen wurde.

Die Straßen des Ortes waren von Handwerksläden und Wohnhäusern gesäumt. Auffallend ist in dieser Stadt das komplexe System unterirdischer Abwasserrinnen. Die ganze Anlage liegt auf sandigem Untergrund, wo sie ohne wirksames Drainagesystem nicht hätte funktionieren können. Selbst die römische Straße (die Fernstraße von Autun nach Paris) hatte auf beiden Seiten Rinnsteine, durch die das Regenwasser in die umliegenden Sümpfe abgeleitet wurde. Die Straße – sie war 8 m breit und links und rechts von je einem Gehweg gesäumt – hatte übrigens keine gepflasterte Fahrbahndecke, sondern eine aus festgestampftem Schotter.

Etwas abseits und im Wald versteckt liegt ein gallorömisches Häuschen, von dessen ursprünglicher Gestalt man sich ein recht anschauliches Bild machen kann, da gleich daneben auf einer Tafel eine Rekonstruktion des Hauses skizziert ist. Man nennt es *Maison de Charcutier*, weil man aufgrund zahlreicher in seiner Nähe gefundener Tierknochen, hauptsächlich von Schweinen und von Rindern, davon ausgeht, daß hier ein Schlachter gewohnt und gewirkt hat. Ein kleiner quadratischer Raum in einer Ecke des Hausinnern, der mit einem Kamin verbunden war, war die Räucherkammer. Rund um das Haus verläuft ein Gullysystem, das mit dem Hauptsystem verbunden war. Hier wurde wohl auch das beim Schlachten anfallende Spülwasser entsorgt. Um das Haus führte ein gepflasterter Säulengang, den man noch sehr gut erkennen kann. Große, ausgehöhlte Steinblöcke, die immer noch auf diesem Gehsteig herumliegen, bildeten die Sockel der Säulen, auf denen ein Obergeschoß ruhte.

Haus des Schlachters: Skizze und Grundmauern

Bibracte, Häduerstadt auf dem Mont Beuvray

Anfahrt: *Der Mont Beuvray liegt an einer serpentinenreichen Landstraße, einer Départementale, deren typisch französisches Numerierungssystem jeden Fremden unweigerlich aus dem Konzept bringt: Obwohl es nur eine einzige Straße ist, heißt sie mal so, mal so, mal D 61, mal D 3 und schließlich D 18. Aus dem Süden kommend nimmt man den Weg über die D 61, die von der N 81 abzweigt (Hinweisschild zum Nationalpark »Morvan«), aus dem Norden führt einen die D 18 zum Ziel. Über den Mont Beuvray selbst wird man dann auf einem nur in eine Richtung befahrbaren Rundkurs geführt.*

Auf dem Plateau des Mont Beuvray lag einst Bibracte, das größte und bedeutendste Oppidum des keltischen Stammes der Häduer. Der Berg ist einer der klassischen Schauplätze keltischer Vergangenheit, der schon aus Cäsars Berichten bekannt ist und auf dem später durch Ausgrabungen (zunächst im 19. Jahrhundert und neuerdings wieder seit 1984) präzise Aufschlüsse über das keltische Stadtleben kurz vor der römischen Eroberung gewonnen wurden. Es ist ein Schauplatz, der heute für so bedeutend gehalten wird, daß Präsident Mitterand ihn 1985 zum »site national«, also einer Art Nationalmonument, erklärte. Dennoch ist Bibracte nicht etwa ein Geschichtsort, dessen Helden *Hallstatt, Latène* oder *gallorömischer Stil* heißen. Nein, hier sind die Helden zwei echte Gallier aus Fleisch und Blut, zwar nicht gerade *Asterix* und *Majestix*, aber immerhin *Eporedorix* und *Vividomarus* mit Namen, zwei Adlige aus dem Stamm der Häduer, von denen Cäsar berichtet, daß sie in einem gallischen Krieg eine schillernde Rolle gespielt haben. Doch davon später.

Archäologische Erkenntnisse. Wenn sich der Besucher auf engen Serpentinen der Bergkuppe des Mont Beuvray nähert, erhält er sinnfällig einen Eindruck von seiner geographischen

Beschaffenheit: es handelt sich um ein Plateau mit steil abfallenden Hängen, das wahrscheinlich schon zu alten Hallstattzeiten zu einer Spornanlage ausgebaut und als Fliehburg genutzt wurde. Zur befestigten Wohnanlage eignet sich das bewaldete Hochplateau aber nicht nur wegen seiner Position, sondern auch, weil dort oben gleich mehrere Quellen sprudeln: also ideale Ausgangsbedingungen für Selbstversorger. An der niedrigsten Stelle des Plateaus, der Porte du Rebout, befand sich wahrscheinlich schon früher der Hauptzugang. Auch heute führt der Weg ins Oppidum durch diesen Durchbruch im noch gut erkennbaren Befestigungswall. Die Archäologen haben an der Stelle durch den Wall einen senkrechten Schnitt gelegt; und wen hätte es gewundert – auch hier hat einmal ein *murus gallicus* seine Dienste getan. An einer Stelle ist diese Mischbauweise aus Holzstämmen und Stein-Erde-Gemisch rekonstruiert worden.

Ein paar hundert Meter von der Porte du Rebout entfernt findet sich die nächste Ausgrabungsstätte. Es handelt sich um Reste eines von Handwerkern bewohnten Viertels mit einem von Läden gesäumten Marktplatz, der jedoch auch zu kultischen Zwecken benutzt worden ist. Ein anderes Siedlungsgebiet hat man mehr im Zentrum des Oppidums gefunden (Hinweisschilder zum »Hôtel des Gaules«), wo, im Gegensatz zum ersteren, prächtige Renommierbauten gestanden haben, in dem der wohlhabendere Teil des Häduervolkes residierte. Nach diesen Funden wird vermutet, daß die Oberschicht es sich generell im Innern des Oppidums bequem machte, während der handarbeitende, produzierende Bevölkerungsteil in den Außenbezirken blieb.

Mögen diese Ausgrabungsstellen als touristische Sehenswürdigkeiten auch eher unscheinbar wirken – ihre historische Bedeutung ist eminent. Die Funde, die noch aus der Zeit vor dem Gallischen Krieg datieren, bezeugen nämlich, daß zu Cäsars Zeiten längst nicht mehr alle Kelten dem Bilde jenes kriegerischen Barbarenvolkes entsprachen, das die antiken Autoren Poseidonios, Strabo und Diodoros gezeichnet hatten, jenes Volkes von wutschnaubenden Berserkern, die einst Europa in Angst und Schrecken versetzten. Und die Menschen, die dort lebten, hatten auch nicht mehr viel von jenem Volk primitiver Dorfbewohner, nach dessen Vorbild die modernen französischen Autoren Uderzo und Goscinny den Draufgänger Obelix und dessen Freunde schufen. Als Cäsar in Gallien erschien, da hatte sich in Bibracte längst eine fortschrittliche Stadtkultur entwickelt, in der es verschiedene Viertel mit klar getrennten Aufgaben und Funktionen gab und wo ein differenziertes Verwaltungssystem und eine gewisse politische Kultur das öffentliche Leben prägten. Die Einwohner des Oppidums von Bibracte haben offenbar nicht mehr von dem gelebt, was sie ihren Mitmenschen hätten abräubern müssen, sondern waren vom friedlichen Handel reich geworden. Es gab Volksversammlungen, Verwaltungsbeamte und Wahlen, bei denen die Häduer sich jeweils für eine einjährige Amtszeit einen politischen Führer, einen sogenannten *Vergobretos*, kürten.

Auch in der Religion war das Volk zivilisierter geworden; statt Naturphänomene als Gottheiten anzubeten, hatte man sich hier bereits behauste Kultstätten geschaffen. Mit besonderer Deutlichkeit aber zeigen die vornehmen Unterkünfte im Reichenviertel von Bibracte, daß die Häduer weit vor der Ankunft der Römer einen eigenen Urbanismus entwickelten – einen Urbanismus freilich, der unter starkem Einfluß der mediterranen Welt stand. Mag dieser nun aus dem direkten Kontakt mit den Kaufleuten aus Griechenland und Italien oder aus der ein paar hundert Kilometer südlich auf gallischem Boden beginnenden römischen *Provinz* herrühren – jedenfalls verraten die Steinkonstruktionen von Bibracte und die großzügige, geräumige und hohe Bauweise deutlich einen römischen Geschmack, so daß heutzutage Archäologen schon Vermutungen anstellen, daß eine Romanisierung der Keltenwelt, und damit eine gallorömische Kultur, auch ohne die Eroberung durch Cäsar entstanden wäre.

Die Rolle Bibractes im Gallischen Krieg. Wenn das denn stimmen sollte, dann trifft es aber für die Häduer sicherlich besser zu als für die restlichen Gallier. Denn dieser Stamm war schon lange besonders romfreundlich gewesen. Seit ihrem ersten Auftreten in Gallien um 120 v. Chr., als die erste gallische Provinz annektiert wurde, hatten die Römer nämlich unter den Stämmen Galliens intrigiert und schließlich die Häduer dazu bewegt, sich den wohlklingenden Titel *Brüder und Verbündete des römischen Volkes* verleihen zu lassen. Seitdem statteten sich häduische und römische Abordnungen Freundschaftsbesuche ab, sprachen die Vergobreten mit Vorliebe von »unseren römischen Freunden«, und der ganze Stamm wurde empfänglich für die römische Lebensart.

Im Zuge dieser Freundschaft wurde den Häduern aber schließlich auch die Ehre zuteil, am Ausbruch des Gallischen Krieges mitzuwirken. Als nämlich die Helvetier, ein anderer gallischer Stamm aus dem Gebiet der heutigen Schweiz, ihr Land verlassen und nach Zentralgallien ziehen wollten, weil sie es zu Hause unter dem Druck der unfriedlichen Germanen nicht mehr aushielten (sagen die einen, z. B. moderne Historiker) oder weil sie die Vorherrschaft über die gallischen Stämme anstrebten (sagen die anderen, z. B. Cäsar), als also diese Helvetier eine Route suchten für ihren Treck, da verwehrten ihnen zunächst die Römer den Durchzug durch ihre Provinz, die sich nach Norden ja fast bis Lyon erstreckte, und dann verboten ihnen nach einigem Hin und Her auch die Häduer, ersatzweise ihr Gebiet zu kreuzen, und als die Helvetier trotzdem kamen, da ließen die Römer nicht lange auf sich warten, ihren Brüdern zu Hilfe zu eilen; Cäsar behauptet, die Häduer hätten ihn gerufen. In der Nähe des Oppidums Bibracte schlugen die römischen Einheiten zu, und die Häduer sahen von ferne mit an, wie die Helvetier des Landes vertrieben wurden.

Daß Cäsar danach im Lande blieb, um weiterzukämpfen – gegen den bösen Germanenkönig Ariovist, aber auch gegen aufmüpfige Gallier –, soll laut Cäsar ebenfalls durch Betreiben einiger Häduer und anderer befreundeter Stämme veranlaßt worden sein. Aber dennoch scheint der häduische Bund mit Rom in der Folge immer brüchiger geworden zu sein. Die Aufgabe etwa, die Römer bei ihren Angriffen mit Nachschub zu unterstützen, die natürlich den Häduern als den Freunden Roms wie selbstverständlich zufiel, müssen diese im Laufe der Zeit offenbar immer lustloser versehen haben; Cäsar hatte sich oft zu beklagen. Je unzufriedener die übrigen gallischen Stämme mit der römischen Präsenz wurden, desto lauter wurden die Zweifel an der alten Loyalität. Es gab nur zwei Männer, die Rom immer im Geiste verbunden blieben: Eporedorix und Vividomarus, zwei Adlige, von denen Cäsar berichtet, daß sie ihn über sämtliche politische Intrigen und Stimmungsschwankungen im Stamm auf dem laufenden hielten.

Echter Widerstand formierte sich unterdessen anderswo. Immer mehr gallische Häuptlinge wandten sich offen gegen die Fremdherrschaft, und immer öfter wurden im Felde römische Verbündete oder gar einzelne römische Einheiten besiegt. Es schlug die Stunde des ersten und letzten gallischen Nationalhelden: Vercingetorix. Dieser war ein Sohn einer alten Adelsfamilie aus dem Stamm der Arverner. Schon sein Vater Celtillus hatte 80 v. Chr. versucht, die Römer aus der Südprovinz zu vertreiben und Gallien zu vereinigen – und zwar unter seiner eigenen Führung. Nun, im Jahre 52 v. Chr., machte der Sohn noch einmal den gleichen Versuch. Nationales Einheitsstreben eines Volkes und Hegemoniestreben einer kleinen Gruppe gingen Hand in Hand. In ganz Gallien ließ Vercingetorix für seine Idee des Widerstands gegen die römischen Besatzer werben und geriet dabei auch an die Häduer, die freilich ihrerseits ebenfalls gern das Kommando im Lande übernommen hätten. Doch als dann dem Arverner plötzlich bei Gergovia ein überraschender Sieg über die Römer gelang, der Cäsar im übrigen ziemlich demoralisierte, da gab es unter den gallischen Stämmen kein Halten mehr. Zum nationalen Widerstand drängte nun alles. Zum erstenmal, wenn auch nicht sehr erfolgreich, gab es auf französischem Boden die Idee einer Nation, einer gallischen Nation.

Nun endlich waren sich auch die Häduer schlüssig, daß sie auf die Seite des Widerstands gehörten – wenngleich dabei nicht nur die nationale Begeisterung mitspielte, sondern ebenso die erfolgreiche Bestechung führender Adelsfamilien (von denen jede normalerweise mehrere tausend Klienten hinter sich zu bringen wußte) sowie die Furcht der Häduer, daß sich das Kriegsglück der Römer bald ganz wenden könnte (zumal das römische Heer durch die ungewohnte Fleischdiät im Keltenland langsam Ernährungsprobleme bekam) und daß man dann riskierte, als Volk von Kollaborateuren geächtet zu werden – und ein solcher Ehrverlust wäre unter Kelten die größte Schmach schlechthin gewesen.

Einmal konvertiert, machten sich die Häduer nun ihrerseits daran, weitere gallische Stämme umzustimmen und zu kaufen. Sogar Eporedorix und Vividomarus machten halbherzig mit. Bald darauf lud man die gallischen Stammesfürsten nach Bibracte ein, wo Vercingetorix sein Konzept vorstellen sollte – und alle, alle kamen. Bibracte muß damals fürwahr eine der bedeutendsten Städte des Landes gewesen sein, und noch heute gilt es wegen jener denkwürdigen Ereignisse des Jahres 52 v. Chr. als symbolischer Ursprungsort eines gallischen Volkes und als französisches Nationalmonument. Doch zurück zu jener Zeit der ersten Nationalversammlung. Auch die Häduer legten damals, wenn man Cäsar glauben kann, ihre eigenes Konzept zur Rettung der Nation vor, welches vorsah, daß der gallische Widerstand unter häduischer Führung organisiert wurde. Doch das Erstaunliche geschah: Die Stammesfürsten erteilten den mächtigen Häduern – auf eigenem Platz – eine Abfuhr und bestätigten einstimmig Vercingetorix als Führer der Gallier. Daß die Häduer diese Kröte schluckten, zeugt von einer gewissen demokratischen Kultur und ist ebenfalls ein Hinweis darauf, daß die Kelten im ersten vorchristlichen Jahrhundert alles andere als Barbaren waren. Dafür spricht im übrigen auch die Tatsache, daß Cäsar selbst nach seinem Sieg über Vercingetorix hier nach Bibracte ins Winterquartier zog. Und aller Wahrscheinlichkeit nach begann er hier in Bibracte auch mit seinen Aufzeichnungen über den Gallischen Krieg. Daß es dazu kommen konnte, dafür sorgten wiederum Eporedorix und Vividomarus. Diese beiden römerfreundlichen Gallier baten Cäsar nach dessen Sieg bei Alesia um Verzeihung für die Untreue der Häduer. Und siehe, Cäsar verzieh. Was hätte er auch sonst schon tun können. Schließlich brauchte er wenigstens ein paar befreundete Verbündete im Keltenland.

Obwohl man an alle Fundstellen auch mit dem Auto heranfahren kann, erschließen sich doch die Dimensionen des Oppidums (ca. 1 km mal 1,5 km) nur dem, der bereit ist, auch ein bißchen zu Fuß umherzustreifen. Und wem nach einem längeren Waldspaziergang ist, der kann sogar die gallische Stadtmauer, die freilich nur noch als Erdwall erkennbar ist, auf 5 km Länge bewandern, was ihn vielleicht ein Stündchen seiner Zeit kostet. Dabei wird er dann auch einen merkwürdigen Felsen erblicken, der schon zu Eporedorix' Zeiten hier gestanden haben muß, den sogenannten Pierre de la Wivre. Das Wort *wivre* (im heutigen Französisch heißt es *guivre*) bezeichnet ein Schlangenungeheuer, eine Art Lindwurm, der auf dem Kopf eine goldene Krone trägt und einen kostbaren Schatz hütet. Solche Fabelwesen spielen in der keltischen Kunst und Mythologie ja eine bedeutende Rolle, so daß die schaurigen Legenden, die sich um den Stein noch heute ranken, womöglich bis in jene alten Zeiten zurückgehen – wenngleich ganz offensichtlich in den modernen Versionen auch jüngere Traditionen ihren Einfluß hinterlassen

Pierre de la Wivre

haben. Die »Wivre«, so heißt es in der Sage, habe einen Schatz unter jenem Stein versteckt gehabt, zu dem sie einmal im Jahr, und zwar am Palmsonntag, den Zugang geöffnet habe. Manch einer habe versucht, sich dann ein Stückchen davon zu ergattern. So zum Beispiel eine goldgierige Frau, Mutter eines Kindes, die in der Aufregung beim Verlassen des schaurigen Ortes vergessen habe, ihr Kind mit hinauszunehmen. Erst nach Jahr und Tag, so die Sage, habe sie es wieder zu Gesicht bekommen – aber es war nur noch Skelett. Eine andere Frau, die ihr Kind ebenfalls unter dem Felsen zurückgelassen hatte, soll dem Ungeheuer jeden Tag am Fuße des Felsens etwas zu essen hingestellt haben. Nur einmal habe sie dies vergessen, und als sich die Schatzkammer das nächstemal öffnete, da fand sie ihr Kind zwar am Leben, jedoch fehlte ihm ein Arm.

Das Rom der Gallier: Autun

Eine Verbindung von lateinischen und keltischen Elementen zu neuen gallorömischen Ortsnamen fand sich nach der römischen Eroberung in Gallien sehr häufig (*Lugdunum* = Lyon, *Namneton* = Nantes, *Augustonemetum* = Clermont-Ferrand). Im Falle der Stadt Autun, die unter dem Namen *Augustodunum* gegründet wurde, ist dieses Nebeneinander der Kulturen allerdings am besten bis auf den heutigen Tag erkennbar geblieben: *dunum* bedeutet *Festung* oder *Stadt* (vgl. irische Ortsnamen wie *Dun Laghoire;* es besteht womöglich ein Zusammenhang mit engl. *town* sowie dt. *Zaun*), und der erste Teil des Wortes erinnert an den römischen Kaiser Augustus, unter dessen Regentschaft die Stadt gegründet wurde, und zwar anstelle von Bibracte. Wer diesen Hintergrund kennt, den mag dann auch die Augusto-Bar im Stadtzentrum an die gallorömische Vergangenheit erinnern – oder gar die Pizzeria *Au César*, wo die Essenswahl zur politischen Gewissensfrage werden kann, wenn man sich zwischen einer *Pizza César* und einer *Pizza Gauloise* zu entscheiden hat und als Nachtisch einen *Coupe de Cléopatre* (Himbeercreme mit Rum) offeriert bekommt. Indes – solche politischen Gewissensbisse sind unbegründet. Es geht die Rede, daß die Neugründung als Akt der Dankbarkeit und des Vertrauens gegenüber den treuen Häduern, Roms ersten gallischen Verbündeten, zu verstehen sei, denen die Schutzmacht mit einer hübschen Neubaustadt ein angenehmeres Dasein ermöglichen wollte, als es die rauhen Bedingungen in Bibracte auf den Höhen des Mont Beuvray boten. Selbst eine Stadtmauer gestanden die Römer den Übersiedlern aus dem alten Oppidum zu, ein militärisch gänzlich unnötiges Bauwerk, denn in Augustodunum waren keine Truppen stationiert. Die neue Stadt entwickelte sich bald recht günstig, weil sie an einer wichtigen Heerstraße lag, der Via Agrippina (diese verließ die Stadt durch die noch existierende Porte d'Arroux), und sie wurde, neben Nîmes und Lyon, zu einer der bedeutendsten Städte Galliens, ja, man nannte sie das Rom der Gallier. Ihre besondere Bedeutung erhielt sie, weil sie sich zum wichtigsten Bildungszentrum Zentralgalliens mauserte, in dem die Söhne der aristokratischen Familien aus dem ganzen Lande unterrichtet wurden, und zwar vor allem in der klassischen Disziplin der Rhetorik. In dieser Kunst, freilich vermehrt um die spezifisch keltischen Fertigkeiten des Fabulierens, Übertreibens und Phantasierens, hatten es im übrigen die Gallier auch ohne griechisch-römische Unterweisung ja bereits zur Meisterschaft gebracht – logische Konsequenz der mündlichen Tradition ihrer Kultur –, eine Meisterschaft, die auch Cäsar und anderen klassischen Autoren schon aufgefallen war und die noch heute den Kennern moderner keltischer Kultur an Bretonen, Iren und Walisern auffällt. Kein Wunder, daß die Gallier in Autun zu Meisterschülern wurden, an denen die Römer ihr Wohlgefallen hatten und die sie förderten, indem sie ihnen einerseits den Innenstadtbereich mit prächtigen Gebäuden im römischen Stil ausstatteten und andererseits vor den Toren die

Porte St-André mit römischer Mauer

Pflege der alten, einheimischen Bräuche gestatteten. Die Ausdehnung dieser Bereiche wird dem Besucher leicht anschaulich, denn die noch heute gut erhaltene alte Stadtmauer von Autun, obwohl sie nicht römisch ist, sondern aus dem Mittelalter datiert, folgt in ihrem Verlauf ganz dem Grundriß des alten gallorömischen Augustodunum. Reste einer römischen Mauer findet man noch an der römischen Porte Saint-André.

Das wichtigste Bauwerk der den gallischen Traditionen verbundenen Vorstadtkultur ist der sogenannte Janustempel. Heute erhebt er sich recht eindrucksvoll auf einer grünen Wiese, die man erreicht, indem man vom Stadtzentrum aus das Flüßchen Arroux überquert – am besten zu Fuß von der römischen Porte d'Arroux gleich hinter der Brücke links durch idyllische Flußauen über drei kleine Fußgängerbrücken und dann über einen Feldweg (ca. 300 m), oder, wenn man unbedingt will, mit dem Auto den Hinweisschildern nach. Der Eintritt ist frei, hier wie auch bei allen anderen gallorömischen Antiquitäten. Der Tempel stammt aus dem 1. Jahrhundert unserer Zeitrechnung. Die Konstruktion unterscheidet sich grundlegend von römischen Tempeln: Der Grundriß ist quadratisch, und das Gebäude besteht aus einem inneren Teil, der sogenannten *cella*, und einer niedrigeren äußeren Umlaufgalerie. Ein baugleiches, aber kleineres Heiligtum (ein sogenanntes *fanum*) wurde im Archéodrome bei Beaune nachgebaut. Hier in Autun ist von dem Tempel nur eine 24 m hohe Hälfte des alten Innenteiles erhalten. In jüngster Zeit haben Luftaufnahmen des Janustempels die Spuren dicker Fundamente sichtbar gemacht, die in rechteckigem Grundriß den Innenteil umrahmen. Damit ist wohl sicher, daß eine Umlaufgalerie, möglicherweise ein Säulengang, den äußeren Teil des Heiligtums bildete. Dieser Teil war mit einer Holzkonstruktion überdacht, was noch heute deutlich an den Löchern für die Dachbalken zu erkennen ist, die sich in der Mauer unterhalb der Fenster des ersten Stockwerks befinden. Man sieht, daß selbst ca. 100 Jahre nach der römischen Eroberung

Halbe Hälfte eines Janustempels

Ein wahrhaftiger Zinken im Gelände: Mysteriöser Pierre de Couhard

die gallischen Architekten noch immer von der alten Holzbauweise aus vorrömischer Zeit beeinflußt waren.

Daß das Heiligtum dem römischen Gott Janus geweiht gewesen
sei, geht auf eine Überlieferung zurück, deren Ursprung nicht
bekannt und deren Richtigkeit zudem sehr zweifelhaft ist. Welcher – wohl eher keltischen – Gottheit es aber wirklich geweiht
war, bleibt zunächst noch ein Rätsel. Einigermaßen sicher ist
man sich jedoch inzwischen, daß das Gebäude in der Tat einst
Teil eines größeren, aber keltisch-rustikal geprägten Vorortes
der Stadt Augustodunum war; denn in seiner Nähe hat man –
ebenfalls durch Luftaufnahmen – Hinweise auf die Existenz zahlreicher weiterer Gebäude, u.a. auch eines weiteren Theaters,
gefunden.

Ebenfalls draußen vor der Stadt liegt der mysteriöse Pierre de Couhard. Vom römischen Theater aus (s. u.) ist er greifbar nah zu sehen. Die Anfahrt ist aber schlecht ausgeschildert und gestaltet sich darum etwas schwierig: Man nimmt den Weg in den Weiler Couhard, d. h. ein ganz schmales Sträßchen Richtung Süden. Es wird vermutet, daß das merkwürdige Gebilde einmal eine regelmäßige Pyramidenform hatte, von der aber nach und nach das Äußere weggebröckelt ist, so daß schließlich die heutige bizarre Form übrigblieb. Datiert wird das Bauwerk mit ziemlicher Gewißheit auf das erste nachchristliche Jahrhundert, und es ist wahrscheinlich trotz seiner Vorstadtlage eher der römischen als der keltischen Tradition zuzuordnen. Es soll früher inmitten einer großen römischen Nekropole gelegen haben – und Nekropolen legten die Römer mit Vorliebe außerhalb der Städte an: durch die Stadt der Toten sollte der Ankömmling die Stadt der Lebenden betreten. Welche Funktion der »Pierre« allerdings hatte, ob Ehrenmal, ob Grabmal, darüber sind sich die Gelehrten nicht schlüssig. Wanderlustige Touristen können vom Pierre de Couhard und um ihn herum auch schöne Spaziergänge machen, unter anderem zu einem Wasserfall – dazu folgen sie dem »Chemin de la Cascade«.

Innerhalb des alten Stadtkerns liegt das römische Theater, das Theatre Romain; die Zufahrt findet sich an der Ausfallstraße nach Chalon-sur-Saône. Seinerzeit war dies das größte Theater in ganz Gallien; es hatte einen Durchmesser von vermutlich über 150 m und 15 000 Plätze (zum Vergleich: das heutige Autun hat 23 000 Einwohner). Mit seiner Südseite, auf der sich die Zuschauertribünen erheben, wurde es, unter Ausnutzung der Bodenverhältnisse, an einen Hang gebaut, wodurch die Baumeister aufwendige Wand- und Pfeilerkonstruktionen einsparten. Fast alle Theater in Gallien wurden so angelegt. Warum nun gerade mit der Südseite am Hang? Nun, die Aufführungen mußten natürlich bei Tageslicht stattfinden, und zwar wenn es am hellsten war, zumal bei der römischen Bauweise das Theater

Theatre Romain

auch auf der Bühnenseite mit einer hohen lichtschluckenden Mauer von der Außenwelt abgeschirmt war, was den Innenraum in eine schummrige Höhle verwandeln konnte – er wurde denn auch *cavea* (= Höhlung) genannt. Sollten die Zuschauer also gute Sicht haben und nicht geblendet werden, dann mußten sie schon mit dem Rücken nach Süden sitzen.

Welche Art von Schauspielen in diesem und den vielen anderen gallorömischen Theatern allerdings zur Aufführung kamen, darüber weiß man nur wenig. Es ist kein einziger Titel überliefert; man kennt keinen einzigen Namen eines gallorömischen Autors. Mühsam hat man sich aus Abbildungen auf Reliefs und Keramik, aus Inschriften und aus zeitgenössischen Berichten ein Mosaikbild derjenigen Stoffe, Motive und Themen zusammenpuzzeln müssen, die möglicherweise auf dem Wege lateinischer oder griechischer Schauspiele nach Gallien gelangt sein könnten, und ebenso mühsam hat man eine beschränkte Kenntnis derjenigen Schauspiel- und Unterhaltungskünstler gewonnen, die bei den römischen Kelten besonders beliebt waren. Das Bild, das sich daraus ergibt, ist nicht sehr eindrucksvoll, wenn man es an den Ansprüchen klassisch-humanistischer Bildungsideale mißt. Bevorzugt wurden offenbar derbe Lustspiele, Kostümspektakel, Aufführungen nach Revue- und Varieté-Art mit Jongleuren, Tieren, Tänzern und Akrobaten. Vielerorts wurden die Theater deshalb gleich auch als Amphitheater genutzt, d.h., es wurden in ihnen blutige Gladiatorenkämpfe, Tier- und Hetzjagden vorgeführt. Autun jedoch, wo übrigens auch berühmte Gladiatorenschulen waren, hatte für solche Zwecke zusätzlich noch ein eigenes Amphitheater, das aber nicht erhalten ist.

Heute, genauer gesagt seit 1982, dem Jahr der 2000-Jahr-Feiern, führen die Einwohner von Autun (unter fachkundiger Regie eines Experten) in ihrem römischen Theater jeden Sommer ein großes Kostümspektakel auf, in dem ca. 600 Schauspieler und Statisten mitwirken. Es heißt »Il était une fois Augustodunum« und läßt die Gründerzeit der Stadt aufleben: die vorrömische Zeit, in der die Druiden in ihren Eichenhainen die gallischen Gottheiten anriefen, die Zeit der Kollaboration, will sagen des Bündnisses mit Rom, als der Senat den Häduern den kostenlosen Titel »Blutsbrüder Roms« verliehen hatte, die Zeit, in der Cäsar den Gallischen Krieg vom Zaune brach, als er auf häduischem Gebiet den Stamm der Helvetier angriff, angeblich, um den »Freunden Roms« zu helfen (interessanterweise wird diese von Cäsar selbst verbreitete Version auch im Programm der Aufführung kolportiert), die Zeit der Rückkehr der Häduer in die neue gallische Allianz unter Führung der Arverner und des Vercingetorix, die Kapitulation des Vercingetorix und ganz Galliens, die Begnadigung der Häduer durch Cäsars Huld, und die blühende Zeit der »pax romana«, in der überall römische Kultur und Lebensart aufblühten, die Zeit der Krise im Jahre des Herrn

21, als zwei junge Eleven der Augustodüner Rhetorikschulen, Julius Sacrovir und Julius Florus, noch einmal eine antirömische Revolte anzettelten, dann die Zeit des Niedergangs der gallorömischen Blüte, als im Jahre 269 die stolze Stadt gebrandschatzt und geplündert wurde durch die »Rheinlegionen« des gallischen Gegenkaisers Tetricus im Widerstand gegen Victorinus, und schließlich die Anfänge des römischen Christentums.

Ein Besuch der Aufführung lohnt sich durchaus auch mit nur geringen Französischkenntnissen. Das Ereignis wurde in der lokalen Presse gebührend gefeiert und hat auch über die Region hinaus Resonanz gefunden (in der Schweiz, die ja auch irgendwie angesprochen ist, und landesweit im *Figaro*). Es gibt jährlich nur einige wenige Aufführungen (600 Bürger kann man schließlich nicht jede Woche zum Theaterspielen antreten lassen). Darum sollte der interessierte Besucher vor seiner Reise um die aktuellen Termine nachfragen, und zwar beim:

Office du Tourisme – 3, Avenue Charles-de-Gaulle – 71400 Autun – Tel.: 85 86 30 00

Besuchen sollte man auch das Musée Rolin (im Schatten der Kathedrale St-Lazare), in dem zahlreiche Räume der gallischen und gallorömischen Zeit gewidmet sind. Zu sehen sind u. a. Ausstellungsstücke zur Architektur, zum Alltagsleben, zur Religion, auch ein dekorierter gallischer Flügelhelm, sowie gallorömische Grabstellen, auf denen die Berufe der Dahingegangenen dargestellt sind (wie im Archéodrome).

Übrigens ist Autun auch ein wahres Mekka für jeden Autofahrer – besonders wenn er zum Fußgänger werden möchte und dazu einen Parkplatz braucht. Es gibt mehr als reichlich Standflächen für Autos, keine Parkuhren, keine Parkplatzgebühren, keine verstopften Straßen. Ein Besuch in der Stadt ist darum auch durchaus erholsam; es lohnt sich (jedenfalls für den, der Kleinstädte liebt), Autun als Standquartier für Ausflüge in die Umgebung (Bibracte) zu wählen. Doch muß man dann bedenken, daß in der Sommersaison die Hotels oft schnell belegt sind.

Nicht versäumen sollte man zuletzt den Ausblick vom Croix de la Libération ein paar Kilometer südlich von Autun. Fahren wir also, bevor wir das sympathische Burgunder Städtchen verlassen, die Serpentinen hinauf (der Weg ist von der Kathedrale St-Lazare aus beschildert) und werfen noch einmal einen Blick auf das zu unseren Füßen liegende gallorömische Ensemble: Ganz vorn zeigt der Verlauf der mittelalterlichen Umwallung noch heute die Grenzen der alten gallorömischen Stadt, im Hintergrund, kaum zu erkennen, das römische Theater, zur Rechten, überraschend weit außerhalb der Stadt, der von hier oben noch viel mysteriöser wirkende Pierre de Couhard, und links, auch nicht gerade nah, steht einsam auf grüner Flur die halbe Hälfte eines Janustempels. Alles, worüber der Blick von hier oben schweift, war einst besiedelt und bebaut – eine veritable Großstadt, das »Rom der Gallier«.

Vorletzte Etappe: Von Autun nach Beaune

Von Autun, der Blütestadt gallorömischer Kultur, führt uns die Keltenroute jetzt in Richtung des Freilichtmuseums *Archèodrom* bei der Stadt Beaune, einer in neuerer Zeit angelegten vor- und frühgeschichtlichen Kunstlandschaft. Je näher wir auf dieser Route dem Tal der Saône kommen, desto dichter werden die prähistorischen und archäologischen Fundstätten – vom frühen Mittelalter bis zurück in die Steinzeit (Näheres findet man, so man will, in der erwähnten Broschüre *Bourgogne Archéologique*). Zu diesen Fundstätten gehören auch megalithische Denkmäler, also Dolmen und Menhire, Burgund hat insgesamt über 150 Menhire zu bieten – wer hätte das gedacht! Sehr spektakuläre Sehenswürdigkeiten sind die meisten dieser Stätten allerdings nicht; schwer zu finden und – selbst wenn man sie zu finden weiß – schwer zu erreichen sind sie dazu.

Es gibt jedoch eine Gruppe von Menhiren, die sozusagen am Wegesrand liegt. Und da einerseits Menhire immer wieder mit dem Keltentum assoziiert worden sind, und andererseits gerade diese am Weg gelegene Menhirgruppe zugleich die eindrucksvollste der ganzen Region ist (zu ihr gehört der mit 7,35 m Höhe größte Hinkelstein in ganz Ostfrankreich), sei der kleine Schlenker zu ihrer Besichtigung hiermit ausdrücklich empfohlen.

Anfahrt: *Zu den sechs Menhiren bei Couches. Aus Autun folgt man der Straße nach Chalon-sur-Saône; das ist zunächst die N 80 und dann, 2 km außerhalb der Stadt, die D 978. Ca. 4,5 km nach der Ortsdurchfahrt von St-Emiland, das sind rund 2 km vor dem Ortseingang des Städtchens Couches, kreuzt die Hauptstraße die ziemlich kleine D 225, in die man nach rechts in Richtung St-Pierre-de-Varennes abbiegen muß. Nach ca. 700 m führt eine klitzekleine Straße nach links ins Grüne. Genau hier an der Abzweigung befinden sich auf einem Feld, das zum Teil von einer Hecke umgeben ist, die gesuchten sechs Menhire.*

Die sechs Menhire waren ursprünglich einmal sieben. Der siebente liegt heute unauffindbar im Burgunder Erdboden. Die anderen sechs hat man in neuerer Zeit im Gedenken an die vorkeltischen Altvordern hier auf dieses Feld plaziert – etwas abseits ihres ursprünglichen Standortes. Vier der Hinkelsteine stehen aufrecht, zwei liegen am Boden. Man datiert sie auf die Jahre zwischen ca. 2000 und 1800 v. Chr., also das Ende der Jungsteinzeit.

Nach gebührender Besichtigung der Megalithen kann man nun über Couches weiterfahren in den nächsten Ort namens St-Léger-sur-Dheune, wo man gleich nach Überqueren der Dheune und des Dheune-Kanals nach links über die D 974 in Richtung Chagny und von dort weiter zum Etappenziel fahren kann.

Aber wer führe schon nach Ägypten und wollte die Pyramiden nicht sehen? Und wir, die wir jetzt zum Greifen nahe an die großen Weinbaugebiete Burgunds herangekommen sind, können

Menhire in Burgund

wir es denn einfach guten Gewissens ertragen, diese um sage und schreibe einen Kilometer zu verpassen? Also – vielleicht biegen wir doch noch nicht gleich links ab, sondern fahren weiter über die D 978, die jetzt landschaftlich immer schöner wird, kurvenreich bergauf und bergab, mit einem herrlichen Ausblick auf Weinberge und Flußtäler. Und warum sollten wir nicht, wenn wir schon einmal durch den berühmten Weinort Mercurey kommen, dort einen Halt einlegen, um uns mit Burgunder Wein einzudecken? Oder vielleicht mit ein paar Fläschchen vom guten Crémant de Bourgogne, einem Sekt, der es nach Kennermeinung mit jedem Champagner aufnehmen kann, im Preis aber Bescheidenheit demonstriert? Selbst wenn wir vom Wein nicht mehr wissen, als daß es ihn in verschiedenen Farben gibt – es wäre schade, dieses Stückchen Weg auszulassen. Und selbst wenn die Gallier ihrerseits, die uns ja auf dieser Route eigentlich führen sollten, das Bier dem Wein vorzogen und erst von den

Römern langsam zu Weintrinkern erzogen wurden – vergessen wir doch die ganze historische Authentizität, kurven wir durch die Weindörfer, genießen wir den würzigen Geruch der Laubfeuer, die die Winzer allenthalben in ihren Weinbergen anzünden, lassen wir die Seele ein bißchen baumeln – bald, bald geht es auf zum großen Finale dieser Gallierroute durch Burgund.

Das Archéodrome bei Beaune

Sechs Kilometer südlich von Beaune, direkt an der Autobahn A 6 nach Lyon liegt ein beispielhaftes archäologisches Freilichtmuseum, das sich *Archéodrome* nennt. Es wurde 1978 eröffnet und bietet einen Überblick über die gesamte burgundische Vor- und Frühgeschichte.

Anfahrt: *Von der großen N 74 zwischen Chagny und Beaune biegt man auf halber Strecke nach Osten (von Chagny kommend, ist das nach rechts) ab auf die D 23. Nach 3 km kreuzt man die D 18, wo sich die ersten Hinweisschilder zum Archéodrome finden. Man fährt geradeaus weiter und ist nach 1 km da.*
Eine alternative Zufahrt gibt es direkt von der Autobahn A 6, der sogenannten Autoroute du Soleil. Man kehrt an der Raststätte Tailly ein und kann dann zu Fuß zum Archéodrome schlendern – und natürlich auch Zutritt erhalten.
Eintritt 20 FF. Im Sommer von 10.00 bis 20.00 Uhr, im Winter (Oktober bis April) von 10.00 bis 18.00 Uhr geöffnet.

Das Museum ist eine gelungene Verbindung zwischen einem Teil, der im Freien liegt, und einer im Innern eines Pavillons untergebrachten Ausstellung. Im Freilichtteil kann man vorzeitliche Bauwerke (auch aus der Steinzeit und Bronzezeit), im Originalmaßstab nachgebildet, besichtigen. Aus dem Innenraum heraus hat man auf alle Exponate einen hervorragenden Blick – einzeln und im Ensemble – und erhält dabei durch Skizzen, Schaukästen, verkleinerte Modelle, Tafeln (mehrsprachig) und Videovorführungen zusätzliche Erläuterungen.
Im Pavillon findet man die Nachbildung eines sakralen Beckens mit Votivgaben aus Holz: Dokumentation des keltischen Quellheiligtumkultes.

Gallische Hütte

Die Rekonstruktion eines Tumulus, den man aus dem Pavillon heraus auch von innen betreten kann, weckt Vorstellungen, wie einmal die Fürstengräber am Mont Lassois ausgesehen haben könnten.

Ein gallischer Bauernhof, bestehend aus einem Wohngebäude, einer Scheune sowie Speicherräumen, soll einen Eindruck vom Dorfleben erwecken, wie er wohl auch dem Zeichner Uderzo bei der Gestaltung des Asterix-Dorfes vorschwebte. Als Materialien wurden Holz, ganz besonders Eiche, sowie Lehm und Stroh verwendet. (Wer will, mag diese ernstgemeinten Nachbildungen mit den nicht ganz so ernst gemeinten in den Asterix-Heften und im Asterix-Park [bei Paris] vergleichen: die Ähnlichkeiten sind groß.)

Gallorömisches Fanum

Besonders beeindruckend ist eine etwa 100 m lange Nachbildung der Befestigungsanlagen, die Cäsar um das mandubische Oppidum Alesia bauen ließ, um die Mannen des Vercingetorix auszuhungern. Man rekonstruierte sie nach Cäsars Berichten und nach den Erkenntnissen der modernen Archäologie (vgl. Alise-Ste-Reine). Wenn man diese Anlage durch das Glaspanorama aus dem Innern des Pavillon betrachtet, werden einem als Videotrickfilm mit Knöpfchen auf einem Spielbrett die Kampfhandlungen des Jahres 52 v. Chr. vorgeführt; dazu plärrt Marschmusik. Die gesamte Darstellung läuft (auch hier) auf eine Heroisierung von Cäsars Eroberung hinaus; vom Katzenjammer einer nationalen Niederlage liegt nichts in der Luft.

Da Gallien in Alesia nicht zu Ende ging, darf auch die gallorömische Zeit nicht fehlen. Sie ist vertreten durch die Nachbildung eines gallorömischen »Fanum« aus dem ersten nachchristlichen

Jahrhundert (vgl. Autun, Janustempel). Es wird deutlich, daß solche Gebäude nicht nur als Heiligtum, sondern auch als Treffpunkt für Handel und Geselligkeit dienten, also eine Art Marktplatz und Stadtzentrum waren. Außerdem gibt es ein gallorömisches Gräberfeld, dessen Grabsteine die Berufe der Dahingeschiedenen darstellen. Originalgrabsteine dieser Art sind im Musée Rolin zu Autun ausgestellt. Das Gräberfeld, welches an einer römischen Straße liegt, ist als Teil einer Nekropole zu verstehen, wie etwa jene vor den Toren Autuns, wo der merkwürdige Pierre de Couhard seinen Platz hatte.

Man sieht: Ein Rundgang durch das Archéodrome ist fast eine Art verkleinerte Gallierroute durch Burgund. Die Route kann dieser Rundgang jedoch nicht ersetzen, wohl aber vervollständigen – und zwar im wahrsten Sinne des Wortes, denn hier ist alles zu Ende gedacht und zu Ende gebaut, was an den Originalschauplätzen im Fragment zu sehen war. Und dennoch – trotz der hübschen Rekonstruktionen – fehlt etwas. Wer der Route bis hierher in ihrem vorgeschlagenen Verlauf gefolgt ist, weiß, was es ist: die Burgunder Landschaft, die 500 Jahre lang Heimat der Kelten war.

Alesia, Alise-Ste-Reine und der große Verlierer Vercingetorix

Alesia, der Ort, wo Cäsar im Jahre 52 v. Chr. Gallien endgültig besiegte, jener berühmte Ort, an dem Vercingetorix als Zeichen seiner Kapitulation dem römischen Feldherrn seinen Schild vor die Füße warf (oder vielleicht auch genau auf die Füße, so daß der strahlende Sieger vor Schmerz aufschrie?) – dieses Alesia hat man – aller Wahrscheinlichkeit nach – auf dem Mont Auxois (418 m) bei Alise-Ste-Reine gefunden, wo Archäologen die Fundamente einer großen gallorömischen Stadt freigelegt haben. In Fachkreisen gilt das als gesichert. Doch Lokalhistoriker erheben auch andernorts, wo der Name der Stadt ein bißchen wie Alesia klingt, Anspruch auf die historische Stätte, so z. B. in Alaise (im Departement Doubs), in Aluze (Saône et Loire), in Novalaise (Savoie) und noch an ein paar anderen Orten. Besonders stark war diese Konkurrenz allerdings nur im 19. Jahrhundert. Auch Napoleon III., der Anhänger der Alise-Theorie, mischte sich darein, und zwar indem er umfangreiche Ausgrabungen auf dem Mont Auxois veranlaßte (und finanzierte). Als man dabei auf Funde stieß, die von militärischen Auseinandersetzungen zeugten, setzte sich die Alise-Theorie bald mehr und mehr durch, und, damit der letzte Zweifler verstumme, setzte Napoleon schließlich oben auf den Mont Auxois ein riesiges Vercingetorix-Denkmal (7 m hoch) (s. Titelbild).

Der Gallier letztes Hurra. Alesia war ein Oppidum im Land des ziemlich unbedeutenden und kleinen Stammes der Mandubier. Daß es zum Schauplatz des gallischen Untergangs wurde, ist reiner Zufall. Dieser Zufall nämlich wollte, daß Cäsar mit seinen Truppen ca. 50 km östlich von Alesia vorüberzog, um sich – zwecks Durchführung einiger ordnungspolitischer Maßnahmen – in die »Provinz« (= Gallia Narbonensis) zu verfügen, derweil die Gallier gerade – nach Vercingetorix' Erfolg bei Gergovia – im Begriffe waren, sich für unschlagbar zu halten. Während noch im Lande der Häduer die gallische Aufrüstung im vollen Gange war, wurde beschlossen, den Römern schon mal einen Denkzettel zu verpassen. Man glaubte, daß die Feinde, wenn man sie auf dem Durchmarsch angriffe, ihr Gepäck stehenlassen und davonlaufen – und sich nachher ob soviel Feigheit gehörig schämen würden. So sicher waren sich die Gallier ihres Sieges, daß es ihnen nur noch darauf ankam, ihn möglichst tapfer zu erringen, und die gallischen Reiter leisteten sich sogar den Luxus (wie Cäsar berichtet), mit einem heiligen Eid zu schwören, »daß derjenige, der nicht zweimal durch den feindlichen Zug quer hindurchgeritten sei, nicht mehr daheim aufgenommen werden solle und keinen Zutritt zu Kindern, Eltern und Gattin haben dürfe«. Noch immer die alten Maulhelden. Von Heldentaten zu prahlen bedeutete ihnen noch immer mehr, als sie zu vollbringen. Ach, wenn es doch allen Großmäulern immer so ginge wie diesen! Wie Obelix freuten sie sich auf eine zünftige Prügelei mit den Römern, und weil sie ja allesamt, wie Obelix, unbesiegbar waren, schlugen sie auf die Feinde drauf, wo immer sie sie trafen. Die Römer aber meldeten erst einmal Cäsar, was geschah. Und Cäsar ließ den Truppen melden, was zu tun sei: Hier ein Vorstoß, dort ein Schwenk, schon waren die Raufbolde in der Zange; ein Teil der Legionen blieb reserviert für den fliegenden Einsatz und half immer dort aus, wo die Not am größten war. Der sicher geglaubte gallische Sieg war nicht mehr zu retten. Ob die gallischen Reiter gemäß ihrem Eid wenigstens ihre Ehre retteten, bevor sie die Flucht ergriffen, um auch ihre Haut zu retten, das ist uns nicht überliefert. Der Großteil der Truppen des Vercingetorix schaffte es noch gerade bis Alesia, wo sie sich reichlich demoralisiert verschanzten.

»Alesia lag hoch oben auf einem sehr steilen Berg, und es war klar, daß es nur durch Belagerung erobert werden konnte«, sin-

Rekonstruktion von Cäsars Befestigungsanlage

niert Cäsar in seinen Aufzeichnungen. Und da er allein mit seinen Truppen die Belagerten nicht einschließen konnte, baute er um die Stadt ein unüberwindliches Bollwerk – siebzehn Kilometer lang und ein paar hundert Meter breit. Die Anlage bestand aus einem hohen Wall mit Brustwehr und Türmen, umgeben von einem System mehrerer wassergefüllter Gräben. Von dort aus hatten die Soldaten freien Blick und Schuß auf einen breiten Streifen verschiedener, geschickt angelegter Menschenfallen: zunächst ein Streifen mit in die Erde eingegrabenen Widerhaken aus Zweigen und Metallstäben, die wie Fußangeln wirkten, in denen jeder anstürmende Gallier unweigerlich steckenbleiben und zum leichten Ziel aller römischen Geschosse werden mußte, etwas weiter davor dann ein Streifen mit gut versteckten Erdmulden (von den Soldaten *Lilien* genannt), in denen gefährliche angespitzte Pfähle steckten (sogenannte *cippi*, das Wort bedeutet sinnigerweise auch ›Grabsäule‹), und schließlich noch ein wohl mehr der Abschreckung dienender Streifen sogenannter *stimuli*, d. h. Eisenspitzen, die ca. 30 cm aus nacktem Boden aufragten. Eine moderne Rekonstruktion dieser Anlage ist in der Nähe von Beaune im Archéodrome zu besichtigen. Während der Bauarbeiten unternahmen die Gallier zahlreiche Fluchtversuche. Vercingetorix schickte die Reiter aus der Stadt, sie sollten Hilfstruppen holen. Er selbst blieb, ließ sich einschließen und wurde damit zum Helden.

Doch auch Cäsar vergaß nicht die zu Zigtausenden im gallischen Hinterland sich formierenden Truppen, die ja früher oder später vor den Toren Alesias erscheinen mußten. Und weil ihm die Sperranlage vor Alesia so gut gefiel, errichtete er das gleiche System in umgekehrter Richtung gleich noch einmal gegen das Hinterland. So brauchte er, wenn die Entsatztruppen kämen, nicht all seine Mannen an einer Stelle zusammenzuziehen, was ja den Sperrgürtel an anderer Stelle unweigerlich geschwächt und den Belagerten die Chance zum Ausbruch eröffnet hätte.

Doch bevor die Entsatztruppen erschienen, wurde in Alesia erst einmal das Essen knapp. Was tun? Einer soll vorgeschlagen haben, Menschenfleisch zu braten, aber der Vorschlag wurde abgelehnt. Doch auch die schließlich gefundene Lösung zeugt nicht gerade von einem ausgeprägten Humanismus: Die Mandubier, die die 80 000 Krieger des Vercingetorix aufgenommen hatten, wurden als unnütze Mitesser mit Frau und Kind aus ihrem Oppidum verjagt und mußten zwischen den Fronten Gras fressen.

Der Rest der Geschichte ist schnell erzählt. Als die Hilfstruppen schließlich erschienen und von zwei Seiten, von außen und von innen, der Sturmlauf auf den römischen Doppelgürtel begann, da bissen sich die Gallier die Zähne aus. Mit lautem Geschrei begleiteten die da draußen jeden ihrer Angriffe, um denen da drinnen zu signalisieren, daß es losgehen sollte. Doch bis die da drinnen endlich mit allem Kriegsgerät aus der Stadt waren und mit der mühsamen Überwindung der Sperranlagen halbwegs begonnen hatten, waren die da draußen längst wieder entmutigt und »mit vielen Wunden bedeckt und, ohne irgendwo die Befestigung durchbrochen zu haben«, (Cäsar) abgerückt. Nach fünf Tagen gaben die Gallier auf. Vercingetorix kam in römische Gefangenschaft; erst sechs Jahre später, als Cäsar noch einmal Publicity brauchte, wurde er in Rom hingerichtet.

So endete der letzte Akt in der Tragödie der keltischen Résistance, die zugleich die Tragödie der keltischen Hau-drauf-Mentalität war. Strategisch denken konnte oder wollte keiner in dem zu Hunderttausenden zählenden Entsatzheer. Denn was hinderte die Gallier, die Römer in ihrem selbstgebauten Gefängnis ihrerseits einfach auszuhungern? Doch wohl nur der eine Gedanke, daß da drinnen der tapfere Vercingetorix vorher verhungern könnte. Und seinen König läßt man nicht im Stich – darum auf sie mit Gebrüll. Wer denkt denn schon an Sieg, wenn es um die Ehre geht?

Anfahrt zu den historischen Stätten: *Alise-Ste-Reine befindet sich etwas östlich der Autobahn A 6, ca. 15 km von der Stadt Semur-en-Auxois. Wenn man den nächstgrößeren Nachbarort, Les Laumes, erreicht (entweder von Semur-en-Auxois über die D 954 oder von Monbard – welches in der Nähe der berühmten Abbaye de Fontenay liegt – über die etwas bessere D 905) – wenn man also in Les Laumes eintrifft, dann erreicht man etwa in der Ortsmitte bereits die Stelle, an der Cäsars circumvallatio, der äußere Wall, verlief. Bis zum Mont Auxois sind es von hier noch über 3 km! Es empfiehlt sich, die Erhebung zunächst weiträumig zu umfahren, um einen Eindruck von der Ausdehnung der Wallanlage zu bekommen, zumal man bei einer solchen Rundfahrt immer wieder Hinweisschilder findet, die den Verlauf der beiden Wälle kennzeichnen.*

Leisten wir uns also die kleine Spritztour: Von Les Laumes fährt man weiter über die D 954 (in Richtung Bussy-Rabutin), nach Überqueren eines Gleisüberganges biegt man rechts ab auf die D 6, die durchs Tal des Flüßchens Oze führt und auf ca. 2 km fast exakt der Linie der contravallatio folgt (der Fluß diente Cäsar vermutlich zur Füllung des Wassergrabens); dann biegt man erneut rechts ab auf die D 10 (Hinweisschild Richtung Alise-Ste-Reine), überquert wieder einen Gleisübergang (dessen Schranken ständig geschlossen gehalten werden, beim Heranfahren eines Fahrzeugs sich aber meistens wie von Geisterhand öffnen) und findet danach zwei Hinweisschilder auf die beiden Gürtel der Wallanlage; wem es nun reicht, der fährt geradeaus weiter nach Alise-Ste-Reine; wer will, kann aber noch einen weiteren Schlenker machen und nach dem zweiten Schild noch einmal links auf die D 9 (Richtung Flavigny-sur-Ozerain) und dann nach 1 km rechts auf die D 103 abbiegen, welche auf der gegenüberliegenden Seite, im Tal des Flüßchens Ozerain, der Linie der contravallatio folgt.

In Alise-Ste-Reine gibt es nun zwei Auffahrten auf den Mont Auxois, eine zum Vercingetorix-Denkmal (Schild: »Table d'Orientation«) und eine zweite zu den »Fouilles d'Alesia«. Aber Vorsicht! Denn die Straßen von San Francisco sind gegen die von Alise-Ste-Reine nur ein Klacks, was ihre Steigung betrifft.

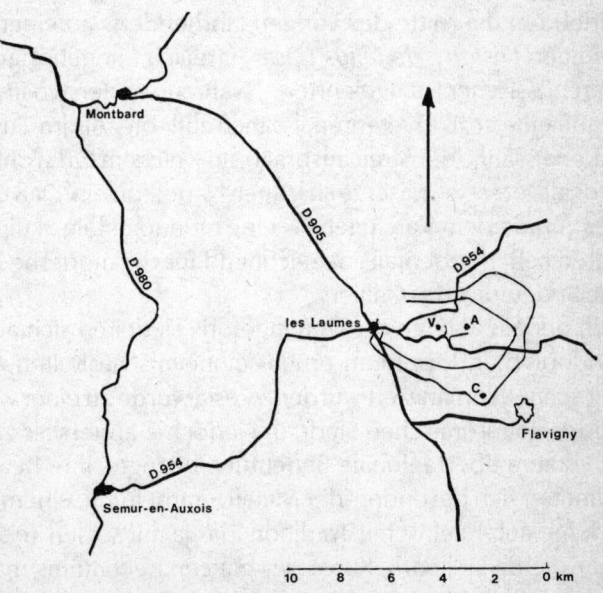

Lageplan der zwei Befestigungswälle. A = Ausgrabungen des alten Alesia; V = Vercingetorix-Standbild; C = Camp de César

95

Alesia heute. Für die Franzosen ist Alesia heute eine Art nationaler Gedenkstätte, und das Monument des Vercingetorix prangt weithin sichtbar – wie das Hermannsdenkmal in Westfalen, nur daß der Held von Alesia ein Verlierer war. Aber die Franzosen lieben den Vercingetorix. Denn er war der erste nationale Führer in ihrem Lande. Genauso lieben sie aber auch Cäsar. Denn der war überhaupt der erste (lange bevor Vercingetorix auf den Gedanken kam), der alle Stämme Galliens zusammengenommen als ein einziges Volk betrachtete und mit dieser Betrachtung Geschichte machte. So haben sie beide ihre Verdienste, der Gallier und der Römer. Was zählt es da schon, wer Sieger und wer Besiegter war?

Übrigens galt auch das Interesse Napoleons III. nicht etwa den Galliern, sondern Julius Cäsar und dessen Kriegstechnik. Ja, er bewunderte geradezu das militärische Genie des Römers und schrieb um die Mitte des vorigen Jahrhunderts an einer mehrbändigen *Histoire de Julius Cäsar* – freilich mit gehöriger Hilfe zeitgenössischer Fachgelehrter –, während anderswo im Lande gerade eine große Keltenrenaissance auflebte. Als im Zuge dieser Renaissance der Streit ausbrach, an welchem Ort wohl Alesia zu lokalisieren sei, mischte sich auch Napoleon ein. Daß er dann aber gerade dem Vercingetorix eine monumentale Skulptur errichten ließ, ist ebenfalls bezeichnend für die moderne historische Bedeutung des Galliers.

Nach der Niederlage des Vercingetorix siedelten sich auf dem mandubischen Oppidum erneut einheimische Kelten an, die aber schnell romanisiert wurden. Alesia wurde zu einer wohlhabenden gallorömischen Stadt, die jedoch – anders als z. B. Autun – kaum überregionale Bedeutung erlangte. Ihre Bewohner widmeten sich besonders der Metallverarbeitung, einem Handwerk mit guter keltischer Tradition, das ja mit seinen Techniken sogar die darstellende Kunst des ganzen Keltentums maßgeblich beeinflußt hatte. Die phantastischen Formen, die verträumten Schnörkel, die winzigen Miniaturdarstellungen, die ja so charakteristisch für die Latènekunst sind, diese Formensprache erklärt sich u. a. auch aus dem Umstand, daß die Künstler der Latènezeit noch keine Steinbauten zur Verfügung hatten, die sie mit lebensgroßen Skulpturen oder flächendeckenden Fresken hätten versehen können, sondern daß sie ihr Künstlerleben damit verbrachten, mit Hammer und Meißel auf Kupfer zu schlagen und jenen Formen, die das Material und ihre Werkzeuge gleichsam von selbst schon gestalten wollten, ihre künstlerische Aussage entlocken mußten. Vermutlich hatten schon die Mandubier Alesia zu einem Zentrum der Metallurgie gemacht, wo man zahlreiche Verfahren des Schmelzens und Gießens, des Trennens und des Legierens von Metallen kannte. An dieses Know-how konnten ihre gallorömischen Nachfahren anknüpfen.

Zu Beginn des Mittelalters erreichten die Merowinger Alesia. Aber eine neue Zukunft nach dem Zusammenbruch des Römerreiches konnten sie der Stadt nicht geben. Aus noch nicht bekannten Gründen wurde Alesia irgendwann im frühen Mittelalter verlassen und vergessen.

Die Ausgrabungen, die Napoleon III. 1861 veranlaßte, erbrachten zunächst recht beweiskräftige Hinweise darauf, daß man in der Tat dem antiken Alesia auf der Spur war. In der Umgebung des Mont Auxois wurden zahlreiche Pferde- und Menschenknochen ausgegraben, die zermalmt, zersplittert, zerschlagen worden waren – eindeutige Spuren blutiger Kämpfe und kriegerischer Auseinandersetzung. Außerdem fand man die Reste eines 6 Meter breiten Grabens, eines Teiles der *contravallatio*. Ein Ausgrabungsquerschnitt ist im Museum von Alise-Ste-Reine ausgestellt. Aufgrund jener Ausgrabungen sowie moderner Luftaufnahmen ist es heute möglich, den genauen Verlauf sowohl jenes inneren als auch des äußeren Sperriegels, der *circumvallatio*, zu bestimmen.

Bedeutung haben diese Ausgrabungen aber nicht nur für die Erforschung der Vorgänge des Gallischen Krieges, sondern dar-

über hinaus auch für die archäologische Erforschung des Keltentums überhaupt. Nachdem man gerade erst 1858 in der Schweiz
die Existenz der Latènekultur entdeckt hatte, fand man hier um
Alesia die Beweise dafür, daß diese Kultur in der Tat den Kelten
zugeschrieben werden mußte. Außerdem erhielt man zum erstenmal brauchbare Hinweise für eine genaue Datierung dieser
Epoche. Da man in den Gräben dekorierte Schwerter und Spee-
re zusammen mit gallischen und römischen Münzen fand (miteinander »vergesellschaftet«, wie das die Archäologen nennen),
konnte man das Alter der latènezeitlichen Funde mit Gewißheit
auf die Mitte des 1. Jahrhunderts v. Chr. festlegen. Diese Funde
ermöglichten dann auch eine sichere Datierung stilähnlicher
Funde in ganz Frankreich, in Spanien und in Italien.

Seit 1906 ist man damit beschäftigt, die Fundamente der gallorömischen Stadt auf der Höhe auszugraben. Man gräbt auch
heute noch. Das Zentrum jener Stadt kann besichtigt werden.

Der Besucher erkennt zunächst die Grundmauern eines großen
Theaters mit 80 m Durchmesser, etwas kleiner als das von Autun
(150 m), welches typisch gallorömische Züge aufweist. Die für
römische Theater ungewöhnlich kleine Bühne ermöglichte eine
flexible Nutzung für dramatische Aufführungen und Spiele. Wie
vielfach in gallorömischen Städten üblich, ist der religiöse Bezirk
gleich neben dem Theater. In seinem Zentrum stehen die Reste
eines Tempels, der dem keltischen Gott Taranis geweiht war. Er
wurde an einer Stelle errichtet, an der vorher ein hölzernes
Sanktuarium gestanden hatte. Als Ort für religiöse Versammlungen wurde der Tempel nicht genutzt – solche Versammlungen
hielt man im Freien ab –, sondern nur zur Unterbringung der
Statue der Gottheit. Mehrere Skulpturen mit keltischer Aufschrift in griechischen Buchstaben fand man in der Umgebung
des Tempels. Sie sind im Museum von Alise-Ste-Reine ausgestellt.

Die Architektur vieler Häuser ist eindeutig keltisch geprägt. In
den gallischen Oppida standen – außer im Süden des Landes –

Monument des Ucuetis

die Häuser nämlich oft zur Hälfte im Boden. Ausschachtungen wurden in das Erdreich gegraben oder in Felsen gehauen, in welche dann – ursprünglich jedenfalls – Holzwände eingelassen wurden. Solche *Wohngruben* schuf man aus den verschiedensten Gründen: zur besseren Festigkeit der Holzkonstruktion, zum Schutz vor der Witterung oder gegen Durchzug oder vielleicht einfach, um eine abschüssige Fläche in ebenen Untergrund zu verwandeln. Schon auf dem Mont Beuvray findet man diese Gruben, und noch hier in dem aus Stein erbauten gallorömischen Alesia sind viele Häuser teilweise in den Boden versenkt: Es sind aus der gallischen Hütte entwickelte Steinhäuser.

Ein besonders markantes in den Boden gelassenes Gebäude findet sich am Rande des Oppidums in der Nähe der Orientierungstafel. Ihm ist ein großer, mit mannshohen Säulen gesäum-

ter Platz vorgelagert, der zusammen mit dem Gebäude vermutlich zu einem sowohl praktischen als auch kultischen Zwecken dienenden Handwerkszentrum der Metallarbeiter von Alesia gehört. Der Komplex wird heute *Monument des Ucuetis* genannt, und zwar nach einer dort gefundenen großen bronzenen Vase, die einem Gott namens *Ucuetis* und einer Göttin namens *Bergusia* gewidmet ist. Die beiden Gottheiten sind nur aus Alesia bekannt. Die Vase steht ebenfalls im Museum von Alise-Ste-Reine.

Das kleine Museum in Alise-Ste-Reine kann man übrigens mit derselben Eintrittskarte besuchen, die man für den Besuch der *Fouilles*, d. h. der gallorömischen Stadt, löst. Nach der Besichtigung dieser beiden Stätten kann man, wenn man will, sich einen letzten, hautnahen Eindruck von der geschichtsträchtigen Stelle machen, wenn man sich auf einen Hügel südlich des Mont Auxois begibt, der den Namen *Camp de César* trägt. Cäsar berichtet in seinen Aufzeichnungen; daß er von einem »geeigneten Punkt« die Kampfhandlungen um Alesia beobachtet und die Aktionen seiner Soldaten gesteuert habe. Dieser »geeignete Punkt« soll genau jener Hügel gewesen sein. (Nach einer anderen Meinung könnte es auch die Erhebung, auf der heute das Städtchen Flavigny liegt, gewesen sein; doch da dies schon deutlich außerhalb der Wallanlagen gewesen wäre, ist die Annahme eher unwahrscheinlich.) Man erreicht das *Camp de César*, indem man über die D 103 und die D 9 bis Flavigny fährt. Dort stellt man den Wagen vor den Toren des mittelalterlichen Städtchens ab, geht ca. 150 m die Straße zurück, d. h. talwärts, und schlägt dann nach links einen kleinen Feldweg ein (Beschilderung: Camp de César). Dieser geht erst ganz sanft und später recht steil bergan. Oben angekommen (ca. 10 Minuten), hält man sich rechts und geht langsam über die Straße und dann über einen Feldweg wieder ein wenig bergab. Hier irgendwo verlief Cäsars *circumvallatio*, also der äußere Wall, zu Füßen liegt das Tal des Ozerain, wo das Pendant, der innere Wall, verlief, und in der Ferne gegenüber sieht man den Berg der eingeschlossenen achtzigtausend Gallier – und auf dem Berg, hoch aufragend, das stumme Standbild ihres Anführers Vercingetorix.

SÜDFRANKREICH
VON DER
RHÔNE BIS ZU DEN
PYRENÄEN

Auf römischen Straßen durch Gallia Narbonensis

Das Gebiet, durch das diese Route führt, bezeichneten die Römer kurz und bündig als ihre »Provinz«. »Provincia Narbonensis« lautete später der offizielle Name – nach der Hauptstadt Narbonne –, doch inoffiziell hielt man es immer mit der Kurzform »Provincia«, von der die Provence ihren Namen hat. Freilich umfaßte die alte römische Provinz weit mehr als das Gebiet der heutigen Provence; sie erstreckte sich von der Côte d'Azur über das Languedoc bis zum Roussillon und ins Hinterland bis weit in die Alpen und die Pyrenäen hinein. Römisch wurde dieser Teil Frankreichs schon ein ganzes Menschenalter früher als der Norden; siebzig Jahre vor Cäsars Eroberungszug durch ganz Gallien marschierten römische Truppen am Mittelmeer.

Was wollten die Römer in diesem Teil der Welt, den sie das »transalpine Gallien« nannten? Zwei Dinge. Zunächst wollten sie einen Schutzschild gegen mögliche Überfälle der Kelten aus dem unbekannten, dunklen europäischen Hinterland – eine Gefahr, die in der zivilisierten mediterranen Welt seit Jahrhunderten gefürchtet war wie in Asien die Mongolen. Doch zugleich war dieses Stückchen Mittelmeerküste auch von Bedeutung für die Beherrschung des ganzen westlichen Mittelmeerraumes, im dem bereits alle anderen Küsten (Afrika, Spanien) fest in römischer Hand waren. Wichtig war nicht einmal so sehr die Kontrolle über die Küstenhäfen (Marseille, die bedeutendste Hafenstadt, blieb noch siebzig Jahre unabhängig), sondern die Landverbindung zwischen Italien und Spanien. Besonders zwischen der Rhône und den Pyrenäen waren die natürlichen Bedingungen für eine solche Verbindung so günstig, daß Rom hier seine erste Fernstraße außerhalb Italiens baute, die *Via Domitia*, die den Legionen enorme Mobilität verschaffte.

Genau diese Straße, die *Via Domitia*, kann uns heute zu den Schauplätzen der vorrömischen, grob gesprochen keltischen Geschichte führen. Warum? Weil sie genaugenommen schon lange vor der Ankunft der Römer existierte. Ihre Ursprünge reichen bis in prähistorische, ja mythische Zeiten zurück. Der griechischen Antike war sie bereits als »Straße des Herakles« bekannt; der griechische Halbgott, dem zwölf schwere Arbeiten auferlegt waren, mußte in Iberien die Rinder des Riesen Geryones stehlen, und als sich der Held nach Erledigung des Auftrags zu Fuß auf den Weg in die Heimat machte, da führte sein Marsch unter mancherlei Abenteuern über diese alte Völkerstraße. Während der Bronzezeit und der frühen Eisenzeit wanderten auf der Straße die Völker Mitteleuropas auf die Iberische Halbinsel, deren Metallminen sie anlockten; und ab dem Ende des 6. Jahrhunderts v. Chr. fanden sich auf ihr immer wieder einmal keltische Stämme aus Ostfrankreich und Deutschland ein, die, auf der Suche nach neuen Siedlungsräumen, teils bis Spanien vordrangen, wo sie als Keltiberer bekannt wurden, teils sich aber auch längs des Weges niederließen, wo sie sich bald wie zu Hause fühlten – und so aufführten. Im Jahre 218 v. Chr. zog Hannibal mit seinen Elefanten auf der Straße gen Italien, 100 Jahre später führte Domitius Ahenobarbus seine Legionen auf ebendieser bis zu den Pyrenäen und errichtete eine römische Herrschaft. In all diesen Jahren und Jahrhunderten wuchsen entlang der alten Völkerstraße Siedlungsplätze, die, als die Römer kamen, zu stattlichen Oppida gediehen waren. Manche dieser vorrömischen Städte bauten die Kolonialherren aus Italien für ihre eigenen Zwecke aus (Ruscino bei Perpignan; Ambrussum zwischen Montpellier und Nîmes; Glanum, etwas östlich der eigentlichen Via Domitia, bei St-Rémy), die meisten konnten sie aber wegen ihrer unzugänglichen Lage nicht gebrauchen. Sie überließen es dem einheimischen Volk, dort weiterzumachen, und gründeten selbst lieber neue Städte: Narbonne, Béziers, Nîmes, Aix-en-Provence. All diese Neugründungen lagen frei-

Römische Brücke; im Hintergrund links die alte römische Straße

lich ganz in der Nähe der einst einflußreichen Städte, was zeigt, daß die Kolonialmacht keine neue Infrastruktur schuf, sondern sich bloß eine vorhandene, alte zunutze machte.

Die von den Römern ausgebaute Straße ist bis auf den heutigen Tag fast lückenlos erhalten. Teils existiert sie noch im unverfälschten Originalzustand, teils in Form von Feldwegen, die kerzengerade durch Weingärten führen, großenteils aber auch in Form moderner Straßen. Sogar der Verlauf der Nationalstraßen und Autobahnen folgt in groben Zügen den von der Geschichte ausgetretenen Pfaden. Entlang der alten Straße des Herakles war der Verkehr noch nie so dicht wie heute, wenn Völkerscharen aus Mitteleuropa sonnenhungrig dorthin pilgern, wo Spaniens Blüten blühen, oder sonnenverbrannt zu ihren Fließbändern und Büroschreibtischen zurückkehren. Wie viele der heute lebenden Mitteleuropäer mögen auf dieser Strecke schon einmal gereist sein? Aber wie wenige dieser Mitläufer in der endlosen Touristenkarawane mögen sich dabei klar gewesen sein, auf welch uraltem Trampelpfad der Geschichte sie sich befanden? Wer sich von Orange bis Perpignan einmal nicht nur fünf Stunden Zeit, sondern fünf Tage gönnt, um sich auf die Suche zu machen nach den alten römischen Brücken, den Meilensteinen und Originaltrassen der Via Domitia, den abgelegenen vorrömischen Oppida und den Museen, wo man die stummen Zeugen ihres Lebens ausgestellt hat, der wird nie wieder, wenn er noch einmal die Languedocienne befährt, an Entfernungskilometer oder Autobahngebühren denken müssen.

In Südfrankreich gehen die Uhren der keltischen Geschichte anders als in Nordgallien. Später als anderswo wurden keltische Stämme hier seßhaft; sie kamen in mehreren Schüben zwischen dem 4. und dem 2. Jahrhundert v. Chr. Und früher als anderswo wurde hier der Entwicklung der Latènekultur durch die römische Eroberung ein Ende bereitet. Die historische Zeitspanne keltischer Geschichte umfaßt darum mancherorts gerade hundert Jahre. Dennoch hat man besonders in Südfrankreich die aufschlußreichsten Erkenntnisse über das Keltentum gewinnen können. Warum das so ist? Durch den Kontakt mit den mediterranen Völkern, vor allem den Griechen, lernten die Kelten hier im Süden schon früh die Verwendung des Steins in Skulptur und Architektur, so daß ihre Werke der Nachwelt besser erhalten geblieben sind. Aus diesem Nachlaß weiß man zahlreiche Details über das Alltagsleben, die Kriegführung und die Religion der Kelten – Details, die interessanterweise die Darstellungen der antiken Autoren sowie die viel später niedergeschriebenen inselkeltischen Mythen bestätigten.

Im öffentlichen Bewußtsein der klassischen Antike, zumal bei den Römern, galt gerade diese südfranzösische Region, das »transalpine Gallien«, als Inbegriff des gefürchteten Keltenlandes überhaupt. Und die antiken Autoren, die von dem Krieg der Jahre 125 bis 121 berichten, sprechen unterschiedslos von den

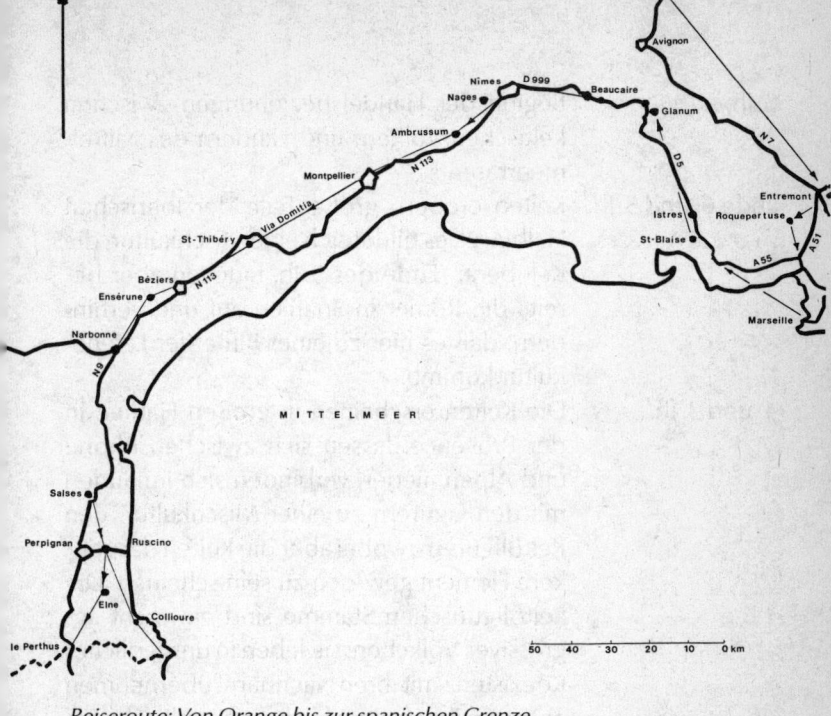

Reiseroute: Von Orange bis zur spanischen Grenze

feindlichen Stämmen als »Galliern«, obwohl es in Wahrheit ebensogut Ligurer oder Iberer gewesen sein könnten. Die Archäologen haben von diesem Völkergemisch ein differenzierteres Bild gezeichnet, von dem wir uns auf unserer Reiseroute einen Eindruck machen können. Weil aber die Räder von Touristenautos nicht immer denselben Weg nehmen, den das Rad der Geschichte rollt, soll, bevor es losgeht, zur Orientierung eine chronologische Übersicht gegeben werden.

8. Jh.	Beginn der Handelsbeziehungen zwischen keltischen Völkern und Ländern des Mittelmeerraumes.
Ende 6. und 5. Jh.	Kelten erobern große Teile der Iberischen Halbinsel; es bildet sich eine Mischkultur, die Keltiberer (Ende des 3. Jh. tauchen aber bereits die Römer in Spanien auf und verhindern, daß es hier zu einer Blüte der Latènekultur kommt).
4. und 3. Jh.	Die Kelten erscheinen in großen Haufen in der Provence, lassen sich zwischen Rhône und Alpen nieder, verbinden sich im Süden mit den Ligurern zu einer Mischkultur, den Keltoligurern, wobei aber die Kelten das stärkere Element gewesen zu sein scheinen. Die keltoligurischen Stämme sind ein recht aggressives Völkchen; sie leben in unfriedlicher Koexistenz mit ihren Nachbarn, übernehmen aber von ihnen allmählich eine städtische Lebensweise. Sie besetzen existierende Oppida oder gründen neue. Spuren ihrer Überfälle sind in fast allen Oppida der folgenden Route gefunden worden.
125–121 v. Chr.	Marseille ruft gegen die keltoligurische Bedrohung die Römer zu Hilfe; Krieg in Gallien; die Römer gründen noch während des Krieges (122) Aquae Sextiae (Aix-en-Provence) und dokumentieren damit ihre Absicht, in Gallien zu bleiben.

118 v. Chr.	Gründung der Stadt Narbo Martius (= Narbonne).
102 v. Chr.	Marius schlägt bei Aix-en-Provence die Kimbern.
49 v. Chr.	Eroberung Marseilles durch die Römer.

Die Anfahrt: Zum Selberentdecken

Keine Sorge, hier kommt kein Exkurs über Autobahngebühren, Verkehrsregeln oder staugefährdete Strecken, sondern eine kleine Übersicht jener geschichtsträchtigen Orte, die auf der im folgenden beschriebenen und kommentierten Route durch die Gallia Narbonensis ausgelassen worden sind. Wer von Norden anreist, wird bereits mehrere hundert Kilometer durch gallorömisches Gebiet gefahren sein, bevor er zum Anfangspunkt der beschriebenen Route gelangt. Was er bei dieser Anfahrt verpassen kann, steht auf den nächsten Seiten zu lesen.

Von Norden kommend, wird der Reisende bereits in Lyon als der Hauptstadt Galliens willkommen geheißen. Da die Stadt am Knotenpunkt aller wichtigen Fernstraßen lag, erhielt sie in der Tat einmal eine solch eminente Bedeutung, allerdings erst in römischer Zeit, so daß es richtiger wäre, von der Hauptstadt des römischen Galliens zu sprechen. Der Hügel Fourvière, der im Bogen der Saône liegt und hoch über der Altstadt aufragt, war die Stelle, wo das gallorömische Lugdunum lag. Es ist zum Teil wieder ausgegraben, und auf dem Grabungsgelände hat die Stadt Lyon ein großes Museum gallorömischer Kultur eingerichtet (Musée de la civilisation gallo-romaine, 17 rue Cleberg), wo Exponate aus den gallorömischen Jahrhunderten unserer Zeitrechnung zu sehen sind.

Die Grenze der römischen Provinz überquert man etwas südlich von Lyon. Bald darauf trifft man auch weitere gallorömische Ausgrabungen, nämlich St-Romain-en-Gal bei Vienne. Auch die hier ausgegrabene Stadt stammt aus der nachchristlichen Ära (soll allerdings auf gallische Traditionen zurückgehen).

Weiter südlich, zwischen Montélimar und Orange, kann man noch einen Schwenker ins Gebirge machen zu der Stadt Vaison-la-Romaine, einer römischen Gründung auf einer ehemals ligurischen Ansiedlung, die zu römischen Zeiten *Vasio Vocontorum* hieß und eine der bedeutendsten Städte der *Provincia* war. Wer die Spuren der Römer um ihrer selbst willen verfolgen will, für den ist dieser Ort vielleicht ein touristisches Muß. Wer ihnen nur folgen will, weil sie ihn zu den älteren Spuren der Gallier führen können, braucht den Umweg nicht unbedingt zu machen.

Es sei denn, man möchte den Besuch als Teil eines kompletten kleinen Tagesausflugs in die Ausläufer des Ventoux-Massivs betrachten, für den man sich ein gemischtes Programm zum Thema Gallier zusammenstellen kann. Dieser Ausflug beginnt bei einer romanischen Kapelle, der Chapelle du Val-des-Nymphes, die in einem Tal mit zahlreichen Wasserfällen liegt; der ominöse Name ist ein Hinweis darauf, daß hier einmal ein altes heidnisches, vermutlich keltisches Heiligtum war, dessen uralte sakrale Tradition bis ins Christentum fortgeführt worden ist.

Man erreicht den Ort von der N 7, indem man auf Höhe des Städtchens Donzère (16 km südlich von Montélimar) den Weg nach links auf die D 541 einschlägt, nach Unterquerung der Autobahn bei Logis-de-Berre rechts auf die D 158 und gleich danach links auf die schmale D 572 nach La Garde-Adhémar einbiegt. Von dort geht es weiter über die D 572^A ins Val des Nymphes, ins Tal der Nymphen.

Das nächste Ziel ist ein keltisches Oppidum bei Le Pègue, von dem die Archäologen sehr interessante Aufschlüsse über die Verbreitung des Keltentums in Frankreich erhielten, da sie hier zahlreiche Parallelen zu Entwicklungen in Süd- und Ostfrankreich entdeckten, sowohl aus der Hallstattzeit als auch aus der Latènezeit.

Vom Val des Nymphes fährt man über die D 133 nach Norden und biegt nach Überqueren des Flüßchens Berre rechts ab in Richtung Grignan und Valréas. Von Valréas führen zahlreiche kleine Bergstraßen hinauf nach Le Pègue. Die schönste und am leichtesten zu beschreibende ist die D 538, die 7 km hinter Valréas nach links in die Berge führt.

Nach Le Pègue ist die nächste Station Vaison-la-Romaine.

Man fährt zurück auf die Hauptstraße, von der man gekommen ist, und auf ihr Richtung Süden nach Nyons. Hier muß man den Fluß Eygues (etwas weiter Richtung Rhône heißt er Aigues) überqueren; gleich danach geht es rechts ab über die D 538 und die D 938 nach Vaison-la-Romaine.

Die eigentliche Südfrankreichroute beginnt dort, wo auch das Rhônedelta beginnt. Die nächste größere Stadt heißt *Orange*, und wer von Norden auf der traditionellen N 7 diese Stadt erreicht, der passiert ein monumentales römisches Tor, das oft – historisch inkorrekt – als *Triumphbogen* bezeichnet wird. Dieses Tor ist die Einfahrt unserer Reiseroute in die Provincia Narbonensis. Wer über die Autobahn oder von Vaison-la-Romaine anreist, wird sich dem Tor wahrscheinlich von Süden her nähern. Gut, daß man mit dem Auto nicht hindurch, sondern nur drum herum fahren kann. Also heißt es aussteigen – ganz gleich aus welcher Richtung man kam –, das Tor durchschreiten, die reich skulptierten Reliefs studieren und sich den historischen Betrachtungen widmen, die im nächsten Kapitel geschrieben stehen. Bonne route!

Das Monumentaltor von Orange

Wir befinden uns im Jahre 21 n. Chr. Ganz Gallien ist von den Römern besetzt ... Ganz Gallien? Nein, weit draußen im Nordosten des Landes, in der Gegend um Metz, kommt es noch einmal zu blutigen Kämpfen zwischen gallischen Söldnertruppen und römischen Legionären, deren Hauptquartier zu jener Zeit in Straßburg ist. Ein letztes Mal machen unbeugsame Gallier der Besatzungsmacht für ein paar Wochen das Leben schwer.

Zwei Intellektuelle aus der Universitätsstadt Autun, Julius Sacrovir und Julius Florus, hatten ihre keltischen Landsleute zu dieser Revolte aufgewiegelt. Doch die Blüten ihrer Redekunst taten nicht die gleiche Wirkung wie der Zaubertrank eines Druiden aus den Wäldern von Armorica. Wie nicht anders zu erwarten, unterlagen auch diesmal die Aufständischen der römischen Kriegstechnik. Jetzt war ganz Gallien endgültig fest im römischen Griff ... Ganz Gallien? In der Tat.

Im Jahre 36 v. Chr. hatte Kaiser Augustus an der Stelle der keltischen Siedlung Arausio, im warmen Klima des Rhônetals, für die Veteranen der gallischen Legion eine eigene Siedlung errichten lassen. Nachdem nun durch das Verdienst dieser Legionen im Jahre des Herrn 21 der römische Friede in Gallien endgültig gesichert war, begann man in Arausio zu Ehren der Friedenstruppen mit dem Bau eines mächtigen Monumentaltores, das in Gestaltung und Größe jedem Triumphbogen vergleichbar war. Alle denkwürdigen Siege der Römer in Gallien wurden darauf dokumentiert – angefangen von den Kämpfen gegen die Kimbern und Teutonen, bei denen (nach einer Reihe von schmerzlichen Niederlagen) der römische Feldherr Marius im Jahre 102 v. Chr. in der Nähe von Aix-en-Provence den entscheidenden Sieg errang, bis zur Niederschlagung jener letzten schwachen Revolte.

Kampfgetümmel auf dem Tor von Orange: Römer gegen Gallier

Aus dem keltischen Arausio ist die französische Stadt Orange geworden. Und weil es – gerade heutzutage – dumm und töricht wäre, die Bedeutung von Toren zu unterschätzen (Kompliment dem, der hier an Heinrich Heine denkt), wollen wir, dem Trend folgend, durch dieses Monumentaltor achtzig Meter vor der Stadt das südfranzösische Gallien zur Zeit der *pax romana*, des römischen Friedens, betreten. Obwohl das Bauwerk die friedensstiftenden Siege Roms verherrlicht, handelt es sich nicht um einen Triumphbogen im eigentlichen Sinne. In diese Kategorie fiel ein Siegesmal nur, wenn es eigens errichtet wurde, um anläßlich eines Triumphzuges vom siegreichen Feldherrn durchschritten zu werden. Das Tor von Orange hat diesen Zweck niemals erfüllt. Vermutlich war es als ein Dankeschön an die Legionen gemeint, aufgrund deren Leistung nun ganz Gallien Rom gehörte.

Roms imperialistische Aufschneiderei kann uns natürlich völlig egal sein, wenn wir bei dem Tor verweilen und die auf den Reliefs gezeigten Kriegshandlungen betrachten. Interessant ist für uns aber, daß wir hier vor einer der genauesten zeitgenössischen Darstellungen der Gallier stehen, die Frankreich zu bieten hat. Wir erkennen gallische Feldzeichen, von denen Vercingetorix in Alesia an die achtzig Stück bei Cäsar ablieferte, und anderes gallisches Kriegszeug. Die abgebildeten Gallier tragen Helme von der Art, wie sie in den südfranzösischen keltischen Oppida gefunden wurden – sie sind ansonsten nackt: die Bildhauer bestätigen also die Berichte antiker Autoren. Außer an ihrer rituellen Nacktheit erkennt man auf den Reliefs die Gallier daran, daß sie durchweg als die Unterlegenen, und damit auch als die buchstäblich Untenliegenden abgebildet sind.

Manches von den Sandsteinskulpturen ist verwittert und zerstört, manches ist in seiner ganzen Fülle der Details mit bloßem Auge kaum zu erkennen. Den meisten Gewinn hat, wer sein Fernglas mitgebracht hat oder sich ein gutes Teleobjektiv vor die Kamera schraubt, um die abgelichteten Details später in Ruhe zu betrachten. Die meisten Einzelheiten finden sich auf der Nordwand und an der schmalen Ostseite des Tores, das beste Licht zum Fotografieren dieser Teile hat man also vormittags.

Alles gesehen oder geknipst? Dann kann es losgehen auf die Reise in den Süden, wobei uns ein Wort von Wolfgang Koeppen einfällt: »Das Tor zur Provence ist der Triumphbogen von Orange, er ist die schönste und zugleich abweisendste Pforte zum Süden, zur lateinischen Welt, [. . .] er führt aus dem Schatten ins Licht, er galt einem Sieg über die Gallier und ist noch immer ein gegen jede Barbarei gesetztes Zeichen.« Für uns ist er allerdings die Pforte in die vorrömische Welt – zu den Anfängen der römischen Kolonisation und zu den Blütephasen der verschiedenen keltischen Mischkulturen. *Barbarei* aber ist ein Wort, das wir nur gebrauchen wollen, wenn wir andere (die Griechen zum Beispiel) zitieren.

Entremont bei Aix-en-Provence

Orange dokumentierte den Endpunkt in der Geschichte des Verlustes gallischer Autonomie. Reisen wir nun dahin, wo der Prozeß gut hundert Jahre früher begann: nach Aix-en-Provence, der ersten römischen Stadtgründung in Gallien. In der Nähe der Thermalquellen, denen die Stadt ihren Namen und ihren Standort verdankt, hatten schon die Keltoligurer ein mächtiges Oppidum. Es lag auf dem Hügel nördlich der Stadt, der heute unter dem Namen *Plateau d'Entremont* bekannt ist, und wurde im Jahre 123 v. Chr. während des Krieges der Römer gegen die unfriedlichen Nachbarn Marseilles zerstört. Ein Jahr später, noch immer mitten im Krieg, gründete der Prokonsul Sextus Calvinus eine römische Stadt unter dem Namen *Aquae Sextiae*. Aus *Aquae* (= Wasser) wurde später das provenzalische *Aigues*, heute schreibt man es *Aix*.

Anfahrt: *Von Orange fährt man über die N 7 bis Aix-en-Provence. Kurz vor Erreichen des eigentlichen Stadtgebietes geht nach links eine vierspurige Schnellstraße, die N 296, zur Autobahn A 51 (Richtung Digne und Sisteron). Auf diese Schnellstraße biegt man ein und verläßt sie gleich wieder bei der nächsten Ausfahrt. Unten an der Zubringerstraße (der D 14) angekommen, sieht man gegenüber auf der anderen Straßenseite ein Hinweisschild und eine schmale, in Serpentinen nach oben führende Zufahrtsstraße zum Oppidum von Entremont.*
Der Eintritt zum Oppidum ist frei, doch die Öffnungszeiten sind etwas unübersichtlich: geöffnet von 9.00 bis 12.00 Uhr und von 14.00 bis 18.30 Uhr; geschlossen ist: jeden Dienstag sowie am 1. Januar, 1. Mai, 1. November, 11. November und 25. Dezember.

Kelten und Ligurer. Mit ihrer Zerstörung des Oppidums im Jahre 123 v. Chr. beendeten die Römer eine gut dreihundertjährige Geschichte keltischer Herrschaft in Südfrankreich. Entremont existierte etwa seit dem 4. Jahrhundert v. Chr. und war in der Antike aktenkundig als Stadt der Saluvier. Die Saluvier waren einer der Volksstämme jener keltoligurischen Mischkultur, die sich zwischen dem 4. und 2. Jahrhundert in Südfrankreich östlich der Rhône entwickelte und dem politischen und wirtschaftlichen Leben einen unverwechselbaren Stempel aufdrückte. Anders als die aus Nordgallien einwandernden Kelten, die sich westlich der Rhône niederließen, wo sie unter starkem griechischem Einfluß bald relativ zahm und unauffällig wurden, erhielten sich nämlich ihre Vettern, die es mehr nach Osten verschlug, die berüchtigte keltische Wildheit, denn die dort wohnenden ligurischen Volksstämme, mit denen sie sich in der Folge vermischten, waren gleichfalls recht vitaler Natur.

Entremont ist eines der besten Zeugnisse dieses Stranges keltischer Geschichte. Es hat einen unvergleichlich rauheren Charakter als St-Blaise, Glanum oder Ensérune – berühmt gewordene Keltenstädte, die im weiteren Verlauf der Reiseroute ebenfalls vorgestellt werden. Die Ungleichmäßigkeit des Mauerwerks, die man in der mächtigen Stadtmauer und den Häusern beobachtet, die mörtellose Schichtung der Steine und die winzigen Wohnungen stehen im krassen Gegensatz zur mondänen Wohnkultur der Griechen. Und die Funde, die die Archäologen auf dem Gebiet des Oppidums gemacht haben, erzählen von wahrlich rauhen Sitten. Schädel mit eingeschlagenen Nägeln, ausgehöhlte Türbalken für die Ausstellung menschlicher Totenköpfe sowie in Skulpturen und Reliefs dargestellte sogenannte *têtes coupées*, d. h. körperlose Kopfdarstellungen, die verstorbene Krieger und Helden symbolisieren (künstlerischer Auswuchs des keltischen Schädelkultes) – sie lassen vermuten, welch barbarische Bräuche den Alltag auf dem Oppidum beherrschten. »Ein Fremder, der durch Entremont schlenderte«, malt der Keltenautor Gerhard Herm sich aus, »muß geglaubt haben, er befinde sich in einem Beinhaus oder, solange noch Fleisch an den Knochen hing, auf einer Richtstätte. Dabei war es

ein Städtchen, vor dessen Häusern die Kinder spielten und . ..
nüchterne Metallhandwerker die teilweise auf nichts als ästheti-
sche Wirkung zielenden Gebilde der Latènekunst schaffen
konnten.« Man muß, um diese Vorstellung teilen zu können, das
Musée Granet in Aix-en-Provence besuchen (Place St-Jean-de-
Malte), wo diese Funde und anderes Unheimliche zu sehen
sind. Kriegertorsos in voller Kampfausrüstung (ganz in Leder
nach keltischer Art) und mit phantastischen Helmen, ein Krieger
in Kauerstellung (auch dies ist volkstypisch, da die Kelten keine
Stühle kannten), maskenhaft wirkende Kopfskulpturen mit ge-
schlossenen Augen; es ist ein Pandämonium der keltischen Welt
der Latènekultur, ebenso gruselig wie aufschlußreich. Krieger in
der gleichen typisch keltischen Bewaffnung und mit ähnlich
phantasievollen Helmen finden sich auch in der Beschreibung
der Jahrhunderte jüngeren irischen und walisischen Literatur,
den einzigen literarischen keltischen Selbstdarstellungen, die
wir kennen.

Kelten und Griechen. Obwohl in den gefundenen Kunstwer-
ken die Gemeinsamkeiten mit der latènezeitlichen Kunst des
nördlichen Galliens eindeutig dominieren, ist doch erkennbar,
daß im Süden die auf Expansionskurs befindlichen Gallier ebenso von den Traditionen ihrer mediterranen Nachbarn gelernt
haben. Zwar bringen sie die typisch keltischen Sujets ihrer Kunst
(têtes coupées, Handauflegen auf den Kopf Verstorbener) aus
der alten Heimat mit, und die darin zum Ausdruck kommenden
Glaubensvorstellungen zeigen von klassischer Bildung keine
Spur, in der handwerklichen und künstlerischen Methode aber
scheinen ihnen die Griechen Vorbild gewesen zu sein. Denn
während die alten Pioniere der Latènekunst ihre Spiralen, Schädel und Krieger in Metall oder in Holz und auf winzigem Raum
darstellten, benutzten ihre südlichen Nachfahren auch das
Großformat und meißelten ihre Plastiken in Stein. Die lebensgroßen Krieger im Museum von Aix-en-Provence (ähnlich wie

die Statuen in den archäologischen Museen von Marseille oder Nîmes) muten irgendwie befremdlich an, vergleicht man sie zum Beispiel mit den latènezeitlichen Exponaten im Museum von St-Germain-en-Laye oder den Funden von Bibracte, die in Autun zu sehen sind. Es spiegelt sich in ihnen ein frühgeschichtlicher Hang zur Gigantomanie, bei dem die Liebe zum Detail und das Augenmaß für die Gesamtwirkung abhanden gekommen sind. Daß die Krieger von Entremont lederne Kampfpanzer mit Metallbeschlägen tragen, ist, wenn man es nicht sowieso schon weiß, in der unbeholfen in Stein geritzten Ornamentik kaum zu erkennen – wird dem Betrachter mehr erzählt als anschaulich vor Augen geführt. Es erinnert ein wenig an die Gigantomanie moderner sozialistischer Kunst, in der eine aus alten Zeiten übernommene Emblematik (Ährenkranz) mit den technischen Mitteln, die man im Hoch- und Tiefbau gelernt hat, ein paar tausendmal vergrößert an die Fassaden öffentlicher Großbauten genagelt wird. Die künstlerische Absicht sieht man wohl. Allein – es fehlt die Überzeugung, daß die Hersteller dieser Objekte an ihre Kunst genauso fest geglaubt haben, wie sie dies vom Betrachter verlangten. Das Ganze ist denn doch allzu deutlich nachgemacht. Doch dem Abgucken der keltoligurischen Bildhauer verdankt die Nachwelt mehr gesichertes Wissen als den nicht für die Ewigkeit gemachten, originelleren Werken ihrer künstlerischen Vorväter.

Was im Musée Granet von Aix-en-Provence die Bildhauer vom Einfluß der Griechen erzählen, das zeigen draußen auf dem Plateau von Entremont mit anderen Mitteln die saluvischen Baumeister. Beeindruckend ist hier besonders die gewaltige Stadtmauer, die aus riesigen, bis zu 1 Meter langen Quadern von behauenem Stein besteht und von den Archäologen zu einem guten Teil unter dem Wurzelwerk der im Laufe der Jahrhunderte darauf gewachsenen Bäume wieder ausgegraben wurde. Wer die *Murus-gallicus*-Konstruktionen Burgunds gesehen hat, wird bemerkt haben, daß die Kelten ursprünglich zwar geschickte

Entremont: Bastionsturm der Stadtmauer

Zimmerleute, aber eigentlich keine großen Baumeister waren. Hier im Midi kann man sehen, daß sie auch auf diesem Gebiet dazugelernt haben. Nicht nur das Mauerwerk aus Stein, vor allem auch die mächtigen Erkertürme haben sie von ihren griechischen Lehrmeistern übernommen (die gleiche Konstruktion findet man in Nages und in Ambrussum, allerdings jeweils mit anderem Werkstoff, wie ihn der Boden gerade hergibt). Doch auch hier stimmt etwas nicht. Wer sich die mehrere Meter dikken Mauern auf dem an sich schon uneinnehmbar hohen Berg ganz genau ansieht, wird bemerken, daß durch die dicken Türme verteidigungstechnisch überhaupt nichts dazugewonnen wird. Der Verdacht ist richtig: die Stadtmauer ist ein reiner Protzbau, Nachahmung einer Prestigenorm aus der bewunderten griechischen Zivilisation. Türme dieser Art sind nützlich zur Verstärkung von recht schwachen Mauern, wie es die Konstruktionen aus getrockneten Lehmziegeln waren, die man in Griechenland und dem ganzen Mittelmeerraum zu bauen pflegte. Den Kelten blieb die Lehmziegelbauweise fremd, weil sie in ihrer feuchten mitteleuropäischen Heimat nicht funktionieren konnte. Als ein Keltenfürst in Deutschland (auf der Heuneburg) sie trotzdem einmal ausprobieren ließ, faulte ihm der Prachtbau nach einigen Jahren dahin. Die Saluvier hätten im sonnigen Klima von Entremont dieses Problem nicht gehabt. Offenkundig war ihnen aber die Herstellung von Millionen kleiner Ziegelchen zu mühsam, denn sie zogen es vor, ihren Wall aus mächtigen Felsbrocken zu errichten. Und auch wenn dieses Material es nicht erforderte, so wollten sie auf die bewunderte griechische Baustatik doch nicht verzichten und verstärkten ihr Bollwerk mit vorspringenden Bastionen bis zu zehn Metern dick, so daß man den Turm von Babel auf ihnen hätte errichten können. Von der Wirkung dieser rippenverstärkten Mauer haben sie ganz offenbar nichts gewußt; sonst hätten sie sich in der Dicke sicher ein paar Meter gespart. Statt dessen haben sie, um ihr Prunkstück von einer Stadtmauer überhaupt bauen zu können, auf der Nordseite des Plateaus sogar großzügig Platz verschenkt. Fußfaule Besucher wissen es ihnen heute zu danken, weil sie auf diese Weise zu einem bequemen, nahen Parkplatz gekommen sind.

In einer Hinsicht waren die Bewohner des Südens ihren Landsleuten im Norden voraus: Während im Landesinnern die Städte noch immer aus leichten Hütten bestanden und eher Fluchtplätze waren, gab es auf Entremont schon Steinbauten. Die Häuser waren nach mediterranem Vorbild in Wohnblocks angeordnet – welche bei den Römern *insulae* (= Inseln) hießen und von den Archäologen im Zusammenhang mit den keltischen Oppida heute auch so genannt werden. Die Straßen stoßen teilweise rechtwinklig aufeinander. Es gab unterirdische Abwasserkanäle, die durch die Befestigungsmauer ins Freie führten. Als weitere urbane Struktur kannte Entremont die funktionale Aufteilung in eine Unterstadt, wo das gemeine Volk wohnte, und eine Oberstadt, wo die vornehmen Häuser, die Vorratsspeicher sowie Kultgebäude lagen. Im Landesinnern wurde dieselbe Stadtkonzeption erst viel später übernommen (vgl. Bibracte), als Entremont längst zerstört war. Die Kultgebäude übrigens nahmen einen beträchtlichen Raum der Stadtfläche ein, so daß der Ort oft etwas verabsolutierend als saluvisches Heiligtum bezeichnet worden ist. Erstaunlich winzig sind indessen die Innenräume der privaten wie der öffentlichen Gebäude. Es sind die Häuser eines Volkes, das eine städische Wohnkultur, obwohl sie ihm an seinen griechischen Nachbarn so imponiert hat, selbst eigentlich überhaupt nicht brauchte. Weil die Kelten jahrhundertelang lieber auf Achse gewesen waren, waren sie noch immer daran gewöhnt, alle wesentlichen Verrichtungen vom Handwerk bis zum Feiern im Freien zu erledigen. Es sind unverkennbar noch immer die alten Gallier, die da in den nach griechischem Muster angelegten Städten mehr hausen als wohnen. »Wir fühlen uns in eine barbarische, der hellenistischen Welt nahe liegende, fremde gallische Welt versetzt«, urteilt der französische Archäologe Jean-Jacques Hatt – einer, der sich lang genug mit dem keltischen Altertum beschäftigt hat, um es kennen zu müssen – über die südfranzösischen Oppida. Der touristische Dilettant, der durch Entremont schlendert, wird diesen Eindruck wohl teilen.

Der Felsen von Roquepertuse

Fünfzehn Kilometer westlich von Aix-en-Provence lag auf einem Felsplateau, nur 238 Meter und trotzdem fast unerreichbar hoch, ein Heiligtum, dessen Erforschung für unser Wissen über die Geschichte der Kelten in Südfrankreich eine genauso bedeutende Rolle gespielt hat wie die Untersuchungen von Entremont. Die Bevölkerung, deren Heiligkeiten in diesem Felsentempel verehrt wurden, war ganz offensichtlich aus dem gleichen rauhen Holz geschnitzt wie die Bewohner des benachbarten Entremont. Es waren latènezeitlich geprägte Saluvier, denen hier mit archäologischen Mitteln genau jener Schädelkult nachgewiesen werden konnte, der von antiken Autoren den Kelten schon immer nachgesagt worden war. Was man aus dem felsigen Boden von Roquepertuse ans Tageslicht zog, überbietet allerdings an Schaurigkeit noch die Funde des vorigen Schauplatzes. Der sogenannte Portikus von Roquepertuse, eine von Pfeilern aus gehauenem Stein getragene Vorhalle eines Heiligtums mit zahlreichen Nischen zur Aufbewahrung von Totenschädeln, ist eines der Star-Exponate der archäologischen Abteilung des Museums Borély in Marseille – etwas zerbröselt zwar, aber insgesamt in einem erstaunlich guten Zustand und beeindruckend restauriert. Auf seinem steinernen Sturz thront gespenstisch ein Raubvogel, der die Seele symbolisiert. An Berühmtheit diesem in nichts nachstehend ist die Janusfigur, eine doppelköpfige Steinskulptur, deren Bild offenbar in kaum einem Buch über das Keltentum fehlen darf. Anders als die Funde von Entremont zeigen die Plastiken von Roquepertuse nicht Krieger, sondern Priester – oder vielleicht auch Götter? Jedenfalls sind sie deutliche Hinweise darauf, daß die Felsenburg als Sanktuarium diente. Da die Funde außerdem ungefähr 100 Jahre älter sind als die aus dem benachbarten Oppidum (sie stammen aus dem 3. Jahrhundert), erkennen wir auch, wie früh der künstlerische Einfluß der Griechen schon einsetzte.

Anfahrt: *Von Aix-en-Provence nimmt man die D 10 in Richtung Berre. Nach ca. 12 km geht es nach links auf die D 20 Richtung Velaux/Berre. Man überquert kurz hinter der Abzweigung den Fluß Arc, kommt in einen Kreisverkehr, nimmt darin die Ausfahrt Richtung Velaux-Zentrum, überquert, wenn man richtig gewählt hat, gleich einen Bahnübergang und biegt dahinter links ab. Nach ein paar hundert Metern verengt sich der Weg (noch immer asphaltiert) und heißt jetzt Chemin de Roquepertuse. Der Weg wird schmaler und schmaler, wird schließlich zum Feldweg, den man nur noch mit großer Vorsicht befahren sollte, und bald darauf sieht man vor sich das Felsplateau von Roquepertuse. (Foto)*
Und ab jetzt wird's schwierig. Wie man den Weg nach oben aufs Dach des Berges findet, muß leider von hier jedem Reisenden selbst überlassen werden. Die Schlaglöcher werden immer tiefer, man kommt zu einem Bauerhof und zu zwei aggressiven Hunden . .. Wer Glück hat und vom Forscherdrang beseelt ist, der kann es aber durchaus schaffen. Ein Reisebuchautor der fünfziger Jahre hat einen Weg hinauf beschrieben – fast genauso, wie es hier zu lesen steht, und er wußte schließlich von einer schmalen Felsspalte nahe dem Gipfel zu berichten, von Menschenhand noch künstlich verengt, durch die man steigen mußte, bevor man das Plateau betreten konnte. Allein schon der Name des Berges verbürgt die Richtigkeit dieser Angaben: Roquepertuse heißt in der provenzalischen Volkssprache ›durchstochener Felsen‹.

Weiterfahrt nach Marseille: *Zurück auf die D 20 und wieder über das Flüßchen Arc. Über die D 65 durch malerische Provence-Landschaft dem Verlauf des Arc folgen (vorbei am Aquädukt von Roquefavour). Nach ca. 10 km, bei St-Pons weiter nach rechts über die D 543 in Richtung Autobahn A 51 und Marseille.*

Der Felsen von Roquepertuse

Was wie ein lustiger Abzählreim klingt, das sind in Wahrheit die drei Namen, die die Vielvölkerstadt am Mittelmeer in ihrer mehr als zweieinhalbtausendjährigen Geschichte geführt hat: ein griechischer, ein lateinischer, ein französischer. Schmelztiegel der Völker muß diese Hafenstadt seit ihrer Gründung gewesen sein. Noch im 1. Jahrhundert v. Chr., zur Zeit einer starken römischen Herrschaft, hörte man in ihren Gassen zu gleichen Teilen drei Sprachen: Griechisch, Lateinisch und Gallisch. Davon berichtete Marcus Terentius Varro (116–27 v. Chr.), und der gilt immerhin als der größte und produktivste Gelehrte des alten Rom.

Legendäre Stadtgründung. Schon seit dem 7. Jahrhundert v. Chr. verkehrten an der südfranzösischen Küste griechische Seefahrer, die in der Stadt Phokäa an der Westküste Kleinasiens zu Hause waren. So um das Jahr 600 wurde einmal – einer alten Überlieferung zufolge – einer ihrer Anführer, ein phokäischer Kapitän namens Protis, vom König der Segobrigen zu einem Brautwerbungsfest geladen. Wahrscheinlich gab der Herr aus dem hochzivilisierten Osten bei der Gelegenheit eine ausgesprochen gute Figur ab neben den rauhbeinigen Brautwerbern aus der einheimischen Bevölkerung. Jedenfalls wurde er prompt von der zu verheiratenden Königstochter Gyptis zum Bräutigam erwählt, und die Hochzeit wurde gefeiert, wie es sich in Märchen und Sagen gehört. Der glückliche Schwiegervater schenkte der jungen Braut als Mitgift ein Stück Land, wo der Schwiegersohn dann die Kolonie Massalia gründete.

Eine Koalition der Vernunft. Soweit die Entstehungslegende. Doch – mag uns die Geschichte von Privatpersonen auch nähergehen als die Geschichte der öffentlichen Dinge – der wahre

Grund, aus dem die Griechen sich zur Rhônemündung hingezogen fühlten, war natürlich nicht die schöne Gyptis, sondern der begehrteste Rohstoff der Urzeit: Metall, ganz besonders Kupfer und Zinn. Auf der Tausende von Meilen langen Zinnstraße aus Britannien (von der ja in Burgund die Herren vom Mont Lassois profitierten) war der Rhôneverlauf der letzte Streckenabschnitt, an den die mediterranen Seevölker einen Anschluß begehrten. Die Liaison zwischen der edlen Wilden aus dem Barbarenlande und dem feinen Herrn aus dem Land des Fortschritts war also nicht das Happy-End einer Seifenoper, sondern vielversprechender Beginn eines *joint venture*, zu dem der einheimische Schwiegervater Territorium und Arbeitskräfte zur Verfügung stellte und die griechischen Partner alles andere Notwendige einbrachten: Gebäude und Einrichtungen, Handelswege und die Transportflotte, vor allem aber eine breite Warenpalette – von Keramik und Schmuck bis zum Wein. Bei dem starken Wirtschaftsgefälle zwischen den Partnern suchte schon damals der schwächere der beiden seinen Vorteil, indem er sich als Billiglohnland anbot – allerdings in einer frühen Vorläuferform dieses Geldsurrogates: einen Teil seiner Verbindlichkeiten zahlte man mit Sklaven. So konnten auch die einheimischen Barbaren am Besitz jener Preziosen teilhaben, der ihrem Land Wohlstand und Fortschritt versprach.

Barbarenschule Massalia. Fortschritt? Das war wohl etwas ungenau formuliert. Aktualisierung des Altertums kann auch in die Irre führen. Der Begriff des Fortschritts jedenfalls hatte für unsere vorzeitlichen Ahnen wahrscheinlich noch gar keine Bedeutung. Es ereignete sich ja – anders als heutzutage – innerhalb eines einzigen, überschaubaren Menschenalters insgesamt doch so wenig an sozialen Veränderungen, daß wohl niemand irgendeine Vorwärtsentwicklung sah, geschweige denn erwartet hätte. In Massalia jedenfalls hatte man zunächst hundert Jahre lang erst einmal alle Hände voll zu tun, sich gegen die kriegerischen

Nachbarstämme des Ligurenvolkes zur Wehr zu setzen. Erst im 5. Jahrhundert führte dann die Anwesenheit der Griechen allmählich zu einem Konjunkturaufschwung, durch den sich ihre Handelswaren und ihr Einfluß nach und nach über die ganze Mittelmeerküste und weit bis nach Zentraleuropa hinein verbreiteten. Um 500 v. Chr. kann man bei Hekataios von Milet, der eine »Rundreise« entlang der gesamten Mittelmeerküste beschrieb, davon lesen, daß die griechische Kolonie sich auf ein keltisches Hinterland gestützt habe. Schwarzfigurige attische Vasenscherben und Bruchstücke von provenzalischen Weinamphoren sind überall in den nördlichen Fundorten der Hallstattzeit aufgetaucht (z. B. auf dem Mont Lassois bei Vix). Die Stadt wurde das Nadelöhr, durch das griechische Kultur und Lebensart aufs europäische Festland gelangten und in der ganzen keltischen Welt zu einer Prestigenorm wurden. Nicht nur den Städtebau und die Steinskulptur, auch die Verwendung der Säule im Hausbau, die Schrift, die Kultivierung des Ölbaums, ja sogar das Weintrinken lernten die keltischen Stämme bis hinauf nach Deutschland durch den Einfluß Marseilles. »Schule der Barbaren« nannte Strabon, griechischer Historiker und Geograph, darum die Stadt. Doch nicht nur die Barbaren – sollte man der Gerechtigkeit halber anfügen –, auch die Kulturwelt profitierte von den Handelsverbindungen mit der phokäischen Kolonie. Denn der Stadt Massalia verdankt die Antike praktisch die Kenntnis des Okzidents. Alles, was man über Gallier, Germanen und anderes Barbarenvolk wußte, hatte man letztlich aus Massalia. Nicht von ungefähr war der berühmteste Massaliote ein Geograph: Pytheas, einer der bedeutendsten Entdecker des Altertums, bereiste im 4. Jahrhundert praktisch die ganze nördliche Welt (nachweislich kam er dabei bis hinauf auf die Orkney-Inseln und die Hebriden) und machte sein Wissen durch Veröffentlichungen der Nachwelt zugänglich. Massalia war im Altertum die *French connection* der mediterranen Völker, der Brückenkopf im Abendland.

Bei allem wirtschaftlichen und kulturellen Einfluß blieben die territorialen Ansprüche der griechischen Kolonisten bescheiden. Sie gründeten nur wenige Handelsniederlassungen; die bekanntesten sind Agde *(Agathe)*, Antibes *(Antipolis)* und Nizza (wahrscheinlich unter dem Namen *Nikaia* gegründet). Ein hellenischer Kur- und Erholungsort entstand bei St-Rémy *(Glanon)*. Da sie schon von zu Hause nur eine Organisation in Stadtstaaten kannten, legten die Griechen auch in der Fremde keinen Wert auf flächendeckende Kolonisation. Flüsse, Wege, das gesamte gallische Hinterland überließen sie den einheimischen Stämmen, deren Beherrschung sie weder vermocht hätten noch anstrebten. Um Macht ging es ihnen jahrhundertelang offensichtlich nicht.

Machtpolitik in Massilia. 450 Jahre lang war das griechische Massalia eine freie, wirtschaftlich und politisch unabhängige Stadt. Daß es – seinen griechischen Wurzeln zum Trotze – die meiste Zeit seiner Geschichte eng mit Rom befreundet war, wo man es *Massilia* nannte, ist nur allzu verständlich, denn mit den Herren des westlichen Mittelmeeres mußte man sich gut stehen. Massilia hatte sich die Freundschaft allerdings nicht durch devote Katzbuckelei, sondern durch tatkräftige Kooperation erworben, und zwar in dem Bereich, wo es leistungsfähig war, nämlich der Wirtschaft. Als die Horden des Brennus im 4. Jahrhundert v. Chr. Rom in Asche gelegt hatten, leistete Massilia Wirtschaftshilfe, indem es einen Teil des von den Galliern geforderten Lösegeldes bezahlte. Das haben die römischen Politiker der Stadt nie vergessen, und so waren sie ihrerseits zu militärischer Hilfe bereit, als Massilia die ständigen Räubereien und Überfälle seiner wilden Nachbarn aus Entremont nicht mehr ertragen konnte. Auch wenn bald darauf auch dem Dümmsten klargeworden sein muß, daß die Römer in Gallien nicht nur aus Dankbarkeit gegenüber Marseille eingerückt waren, sondern zur Wahrnehmung ihrer Interessen im westlichen Mittelmeer, bekam doch lange Zeit der alte Wirtschaftspartner von Roms Machtpolitik nichts zu spüren. Marseille blieb politisch unangetastet und war eine unabhängige Stadt bis ins Jahr 49 v. Chr. – zu einer Zeit, als ansonsten, wie man ja weiß, ganz Gallien von den Römern besetzt war. Es wurde aber nicht etwa Beute in Cäsars Eroberungskrieg, sondern Opfer im Ränkespiel des römischen Bürgerkrieges.

Wie man ja weiß, war Cäsar um das Jahr 50 v. Chr. im eroberten Gallien noch immer stark beschäftigt. Und darum gefiel es ihm gar nicht, daß seit zwei Jahren in Rom sein früherer Machtpartner Pompeius ganz allein herrschen wollte. Die römischen Freunde in Massilia andererseits vertrauten darauf, daß Pompeius als »alleinregierender Konsul« immerhin die Bestätigung des Senats hatte, und ließen sich hinreißen, ihm eine Treuerklärung zu geben. Pompeius hatte zwar sein Amt nur für ein Jahr erhalten, doch daß er derart hinterrücks diese Zeit zum Ausbau seiner Macht nutzen wollte, während sein Konkurrent weit weg, vor Alesia, noch Gräben schaufeln ließ, das fuchste Cäsar natürlich ungemein. Als er mit den Galliern fertig war und sich auf den Weg nach Hause machte, warf er seinem Gegenspieler die auf dem Schachbrett der Machtpolitik aufgestellten Figuren kurzerhand wieder um; die Freunde des Pompeius wurde niedergemacht. Die Mauern der Hafenstadt wurden geschleift, ihre öffentlichen Gebäude niedergerissen, ihre Wirtschaftlichkeit zerstört. Aus Massalia wurde nun endgültig Massilia; aus der griechischen wurde eine römische Stadt.

Marseille heute. Teile der antiken Stadt hat man seit den vierziger Jahren in der Nähe des Alten Hafens, des *Vieux Port*, ausgegraben. Es ist derselbe Hafen, in dem vor über 2500 Jahren der phokäische Kapitän Protis landete. Die alte griechische Stadt wurde am nördlichen Ufer auf dem Hügel von Acoules erbaut. Dort, in der Nähe des Hôtel de Ville, des Rathauses, hat man auch Reste der römischen Docks entdeckt. Wie Marseille unter römischer Herrschaft ausgesehen hat, kann man im Musée des Docks Romain (direkt am Ausgrabungsort) im Modell betrachten. Aber auch vom griechischen Massalia kann der Besucher authentische Reste sehen. Sie finden sich ein wenig hinter der St-Ferréol-Kirche an der Nordostseite des Alten Hafens. Einige ionische Kapitelle aus dem alten Marseille des 6. Jahrhunderts v. Chr. findet man im Musée Borély, im Château Borély, Avenue du Prado – einige Kilometer südlich der Altstadt in der Nähe des Plage du Prado. Die eigentliche Attraktion dieses Museums aber ist der Salle de Roquepertuse, wo der berühmte Portikus und all die anderen makabren Unheimlichkeiten des letztens besuchten (oder gesuchten?) Felsheiligtums versammelt sind.

St-Blaise

Griechen, die mit den Erzeugnissen ihrer Heimat Handel trieben, wohnten schon mehr als 50 Jahre vor der Gründung Marseilles in Südfrankreich. Die ersten Schiffe kamen aus Rhodos, aber noch waren diesen Seefahrern die Niederungen der kontinentalen Küstengewässer zu unsicher, und sie suchten sich lieber auf dem seit der Jungsteinzeit bewohnten Hügel von St-Blaise ihr Domizil. Bereits um 650 v. Chr. war hier eine städtische Siedlung, die man im Altertum unter dem Namen *Mastramella* kannte.

> **Anfahrt:** *Von Marseille fährt man nach Martigues am südwestlichen Rand des Étang de Berre. Für die Stadtdurchfahrt von Martigues sollte man nicht die Umgehung wählen, sondern die Straße unten durch den malerischen Jachthafen. Man orientiert sich anhand von Straßenschildern und Wegmarkierungen auf dem Asphalt in Richtung auf die D 5 nach Istres. Nach 6 km passiert man das Örtchen St-Mitre-les-Rempart; etwa 1 km hinter der Ortsausfahrt zeigt nach links ein Schild: »St-Blaise, Site archéologique«. Nach ca. 1,5 km kommt man links an einen recht schlaglöchrigen Parkplatz; ein schmales asphaltiertes Sträßchen (ohne weiteres Hinweisschild) führt noch ein paar hundert Meter weiter den Hügel hinauf bis vor das Eingangstor zu der Ausgrabungsstätte von St-Blaise. Eintritt 15 FF. Geöffnet von 9.00 bis 12.00 Uhr und von 14.00 bis 18.00 Uhr, dienstags geschlossen.*

In der Umgebung des Hügels von St-Blaise sieht man viel Industrie. Man sollte sie nicht nur als Verschandelung einer schönen alten Kulturlandschaft betrachten. Das wäre zu einseitig. Sie ist auch die konsequente Fortsetzung einer uralten kommerziellen Nutzung der Region, derentwegen man schon sehr früh auch Eingriffe in die Natur vorgenommen hat. Daran erinnert uns das Städtchen Fos-sur-Mer, das wir von hier oben auf der anderen

Seite des Étang de Lavalduc sehen können. Schon im Jahre 104 v. Chr. wurde dort der erste Kanal in Gallien angelegt. Der römische Feldherr Marius, der später bei Aix-en-Provence die Teutonen schlug, brauchte zwischen der Küste und der Stadt Arles eine Verbindung, auf der er seine Truppen schnell und unabhängig vom Wasserstand der Rhône transportieren konnte. Tatsächlich kam ihm die neu gewonnene Mobilität bei seinem Kriegszug sehr zustatten. Der Kanal wurde *Meeresgraben,* lateinisch *Fossae Marianae,* genannt, und man erkennt darin unschwer den Ursprung des heutigen Ortsnamens.

Die Geschichte des Hügels von St-Blaise beginnt nicht nur früher als die Marseilles, sie ist auch wechselvoller. Zweitausend Jahre lang, vom 7. Jahrhundert v. Chr. bis zum 13. Jahrhundert n. Chr., spielte die Hügelstadt unter den verschiedensten Namen eine herausragende Rolle in allen Ereignissen, die irgendwas mit Eindringlingen und Überfällen zu tun hatten. Auch die Kelten hatten an diesem Auf und Ab beträchtlichen Anteil.

Die archäologischen Ausgrabungen belegen anhand von Spuren der Zerstörung und des Wiederaufbaus insgesamt sieben Phasen der Stadtgeschichte. Die frühesten Erkenntnisse gehen auf die mittlere Hallstattzeit (650–550 v. Chr.) zurück. Man hat aus dieser Zeit einen kompletten Marktplatz ausgegraben, wo Keramikscherben herumlagen, die Handelsverbindungen mit Etrurien, Korinth und natürlich Rhodos bezeugen. Nach dieser Insel benannte man auch den wichtigsten Fluß der Gegend: Im Altertum hieß er *Rhodanus,* im heutigen Frankreich heißt er *Rhône.* Seinen Höhepunkt als Umschlagplatz des Mittelmeerhandels erlebte Mastramella während der zweiten Hälfte des 6. Jahrhunderts.

Aus der Zeit ab 500 v. Chr. finden sich deutliche Spuren der Zerstörung und Plünderung des stolzen Oppidums. Wohnstätten wurden niedergebrannt, Vorratslager vernichtet. Wer für diese Barbareien die historische Verantwortung trägt, das haben die Archäologen mit kriminalistischem Spürsinn ermittelt. Fragmente und Spuren der berühmten Kultsäulen mit den ominösen Vertiefungen für die Aufbewahrung von Schädeln, die man aus derselben Phase gefunden hat, verraten die Übeltäter; sie sind die Indizien des ungestümen Expansionsdranges der Kelten aus Ostfrankreich, die um diese Zeit in einer ersten Welle das Mittelmeer erreichen. Wahrscheinlich waren sie eine Art Vorhut der – mit hundertjähriger Verzögerung folgenden – zweiten Expansionswelle im 4. Jahrhundert, in deren Sog der fürchterliche Brennus um das Jahr 390 v. Chr. vor den Toren Roms erschien. Auch diese zweite Welle ist mit ähnlichen Spuren in St-Blaise nachgewiesen. Doch zur Ehrenrettung der Gallier muß gesagt werden, daß die Eindringlinge die feinere griechische Kunst nicht brutal ausrotteten, sondern sich von ihr prägen ließen. Im 4. Jahrhundert blühte Mastramella im Schatten Marseilles zu wirtschaftlichem Wohlstand auf. Und die hellenistische Stadtmauer, eine der Hauptsehenswürdigkeiten des Ausgrabungsortes, stammt aus dem 3. Jahrhundert v. Chr., also ebenfalls einer Zeit gallisch-griechischer Symbiose. Mit seinen sorgfältig behauenen und mörtellos gefügten Steinen zeugt das Bauwerk von großer Kunstfertigkeit. Die Bewohner von Mastramella müssen es freilich mit ausländischer Hilfe gefertigt haben; die Steinblöcke tragen Steinmetzzeichen, die man auch aus Süditalien – damals griechische Kolonie – kennt.

Nach der Eroberung Marseilles durch Cäsars Truppen im Jahre 49 v. Chr. verödete das alte, geschichtsträchtige Oppidum. Erst im 4. Jahrhundert n. Chr. zur Zeit der Barbareneinfälle, lebte es unter dem neuem Namen *Ugium* noch einmal auf. Die Bevölkerung suchte auf dem Berg nun Zuflucht vor Hunnen, Vandalen und anderen Wüstlingen aus dem Norden. Die Ansiedlung erhielt eine neue Stadtmauer, die z. T. aus Bestandteilen der alten griechischen Mauer erbaut wurde. Der heutige Name des Étang de Lavalduc, des Gewässers zu Füßen von St-Blaise, hat übrigens seinen Namen aus dieser Periode, nämlich nach dem benachbarten Tal, welches man *Vallis de Ugium* nannte.

Zu der Wehrmauer, von der man noch heute das meiste sieht, gehört ein anderer Name. Castelveyre wurde die Stadt genannt, nachdem sie 1231 zum Besitztum des Bischofs von Arles gekommen war. Ende des 14. Jahrhunderts wurde die Stadt endgültig verlassen.

Der Fels von Castellan bei Istres

Anfahrt: *Von Saint-Blaise fährt man zurück auf die D 5 und darauf weiter nach Norden bis Istres (10 km). Dort fährt man bis ins Stadtzentrum und folgt danach den Schildern zu der nahen Halbinsel Castellan. (Ein Hinweisschild auf das Oppidum findet man erst zu Füßen des Hügels.)*

Castellan ist der Name einer Halbinsel vor den Toren der Stadt Istres. Die Halbinsel besteht praktisch aus einem einzigen Hügel, auf dem ein Oppidum lag. Als Kolonie von Massalia war es unter den Namen *Astromela* bekannt. Nur ein paar in den Fels gemeißelte Relikte erinnern an diese Vergangenheit. Darunter

Griechische Schriftzeichen, von Kelten gemeißelt

befindet sich eine Inschrift in keltischer Sprache und griechischen Buchstaben. So wenig dies ist – es sagt doch ein bißchen über die Art der Bewohner des gelben Sandsteinfelsens. Es waren nicht die Brüder der keltoligurischen Rauhbeine von Entremont, sondern ihre Vettern, die Nachkommen jener Linie des keltischen Südens, der mehr unter den griechischen Einfluß geriet – Kelten der etwas friedfertigeren Art, deren Spuren in Glanon, unserem nächsten Etappenziel, genauer studiert werden sollen.

Von der Hügelkuppe hat man einen schönen Rundblick auf den Étang de Berre, den Étang de l'Olivier und das umliegende Land, so daß ein Besuch trotz der wenigen antiken Zeugnisse durchaus Sinn hat – zumal es ohnehin direkt am Weg zum nächsten Ziel der Reiseroute liegt.

Glanum bei St-Rémy-de-Provence

Relativ viele Besucher finden den Weg nach Glanum, der wohl berühmtesten vorrömischen Grabungsstätte in Südfrankreich, und sie bezahlen für die Sehenswürdigkeit 22 FF Eintritt. Die Popularität des Ortes erklärt sich vielleicht nicht allein mit seiner idyllisch schönen Lage, sondern auch damit, daß er gleich neben den bekannten römischen Altertümern steht (den Resten eines Mausoleums), die man in jedem Reiseführer abgebildet findet, und ferner vielleicht auch durch die Nähe zu dem Kloster St-Paul, in welchem Vincent van Gogh seine Wahnsinnsanfälle durchlebte. Nicht zuletzt aber ist die recht hohe Besucherfrequenz darin bedingt, daß Glanum – im Gegensatz zu den meisten anderen keltischen Stätten – besonders leicht zu finden und zu erreichen ist.

Anfahrt: *Der normale Reisende nähert sich Glanum in der Regel von dem bekannten Städtchen St-Rémy-de-Provence aus. Von dort nimmt er die D 5, das ist die Straße nach Lex Baux, und findet alle genannten Sehenswürdigkeiten nur 500 m vom Ortsausgang.*
Wer dem Kurs der hier beschriebenen Reiseroute folgt, wird von der anderen Seite kommen: Von Istres fährt man nach Norden, zunächst ca. 5 km über die N 569, dann nach links auf die D 5 und auf ihr ca. 15 km weit immer geradeaus auf das Gebirgsmassiv der Alpillen zu; kurz vor Mouriès geht es weiter über die D 17, von der man nach ca. 5 km vor der Ortseinfahrt Maussane-les-Alpilles nach rechts den Weg in die Berge und nach Les Baux einschlägt – und sich plötzlich wieder auf der schon verlorengeglaubten D 5 befindet. All das klingt viel komplizierter, als es wirklich ist. Eigentlich – d. h. wenn es die eigenwillige Straßennumerierung nicht gäbe – könnte man sagen: von Istres immer geradeaus und in Maussane-les-Alpilles rechts ab durch die Berge in Richtung St-Rémy.

Die Ruinen von Glanum

Das Tal, das sich vor der Stadt St-Rémy in das Felsmassiv der Alpillen hineinzieht und an dessen Ende aus dem Berggestein frische Quellen sprudeln, muß schon zu Urzeiten ein Ort der Erholung und religiösen Besinnung gewesen sein. Schon Herakles soll auf seiner Reise von Spanien nach Griechenland hier Rast gemacht haben. Die Römer, die den griechischen Helden und Halbgott als Überwinder der Mühsal sehr verehrten, bauten ihm nach der Quelle ein Heiligtum, als sie sich um die Mitte des 2. Jahrhunderts v. Chr. hier ansiedelten.

Im 6. Jahrhundert unterhielten die Ligurer in dem Tal ein Quellheiligtum. Im 4. Jahrhundert fanden es die in Scharen einwandernden Gallier einen bequemen Ort zur Pflege ihres Quellkultes. Ganz am Ende des Tales erinnert noch heute das römische Nymphäum an die uralte Tradition des Wasserkultes der verschiedenen Völker. Die Kelten allerdings verehrten in der Nähe

Durch Treppenstufen verbunden:
Heilige Quelle und heiliger Felsen

auch andere Naturgottheiten. Ein gallisches Felsheiligtum erinnert daran.

Etwa gleichzeitig mit den Kelten erreichten aber auch die Griechen, denen es in Massalia wirschaftlich immer besser ging, das Tal und bauten es zu ihrem Ferienort aus. Seitdem ist es als *Glanon* bekannt. Willig ließen sich die Keltoligurer von der südfranzösischen Führungsschicht in alle städtebaulichen Maßnahmen einbeziehen. Im Museum von St-Rémy, dem Hôtel de Sade, können wir (im Erdgeschoß) zum Beweis Säulenkapitelle mit griechischen und keltischen Motiven betrachten. Glanon wurde zu einer Kulturstadt, in der die Griechen den Ton angaben. Gallier und Ligurer – die mit ihren hellenistischen Zeitgenossen sonst in einem Zustand ständiger Friktionen lebten – stimmten friedlich ein.

Woher bloß solch zahmes Gebaren von den Abkömmlingen ausgefuchster Kriegerstämme? Die Antwort steckt wahrscheinlich in der geographischen Lage des Siedlungsplatzes, auf den der Begriff *oppidum* so gar nicht passen will. Die Anlage liegt ja nicht, wie sonst die keltischen Siedlungen, auf einer Hügelkuppe; links und rechts zwischen steilen Felsen eingekeilt, ist sie alles andere als eine Schutz- und Trutzburg, von der man Handelswege kontrollierte oder ein Raubritterleben führte. Wer sich hier niederließ, der lebte in keinem anderen Schutz als dem der Heiligkeit und der konnte gar nicht anders als in idyllischer Eintracht mit seiner Umwelt leben wollen. Es werden daher wohl die moderateren Elemente aus den Reihen der Rauhbeine gewesen sein, die den erbaulichen Schlendrian bei der heiligen Quelle dem Überlebenskampf vorzogen – also eine kleine, durch natürliche Auslese gewonnene, friedliebende Minderheit.

Verfehlt wäre jedenfalls die Annahme, die Kelten wären allgemein zahm geworden. Um die Mitte des 2. Jahrhunderts v. Chr. hinterließen in Glanon noch einmal gallische Invasoren aus dem Norden ihre berüchtigten Spuren der Verwüstung. Etwa zehn Jahre muß das Intermezzo gedauert haben, währenddessen die Kelten es sich in Glanon wohl sein ließen und dabei ihre üblichen Hinterlassenschaften produzierten: vor allem wiederum Schädel samt den zu ihrer Ausstellung vorgesehenen Mauernischen. Dann kamen, so um das Jahr 150 v. Chr., die Römer und machten dem gallischen Spuk ein Ende. Jawohl: hier in Glanum (wie die Römer den Ort nannten) begann die römische Zeitrechnung früher. Die Eroberung war auch weniger kriegerischer als vielmehr kaufmännischer Art. Und das lag daran, daß im 2. vorchristlichen Jahrhundert mehr und mehr Kaufleute aus Italien den griechischen Händlern Marktanteile wegnahmen. Man kennt sogar die Namen einiger italischer Händler, die man nach der Bergung gesunkener Schiffe auf den Waren und Behältnissen der Ladung gefunden hat. (Einer hieß, nebenbei bemerkt,

Marcus Sestius; er war auch auf der griechischen Insel Delos kein Unbekannter.) Daß in Glanum der Einfluß dieser Kaufleute lange vor der Eroberung der Gallia Narbonensis wirksam wird, deutet darauf hin, daß bei den heiligen Quellen in der entspannten Atmosphäre nicht nur Seele und Körper, sondern wohl auch Geschäftsbeziehungen gepflegt wurden.

Ab 49 v. Chr. wurde der Ort nach römischen Prinzipien von Gund auf neu angelegt. Leicht erkennt man die Gebäude aus dieser Zeit. Sie liegen höher, weil sie auf dem zerbröselnden Schutt der alten Gebäude hochgezogen wurden. Außerdem waren sie um etliche Konfektionsgrößen geräumiger und verlaufen in ihrem Grundriß oft schräg oder quer zur Linienführung der alten Stadtstrukturen.

Um das Jahr 270 n. Chr. wurde der Ort zerstört und verlassen, nachdem er fast 1000 Jahre lang bewohnt gewesen war.

Europas erste Schnellstraße: die Via Domitia

Obwohl im Altertum die Verkehrsmittel ja äußerst beschränkt waren, bestand bei den Menschen schon ein fast genauso großer Bedarf an Reisen wie heute. Und irgendwie wurde dieser Bedarf auch immer gedeckt, egal, wie groß die Entfernung und wie primitiv die Fortbewegungsmittel waren. Ein Kaufmann aus Kleinasien brüstete sich auf seinem Grabstein damit, daß er in seinem Leben zweiundsiebzigmal in Italien gewesen sei. Noch Karl der Große empfing einmal einen syrischen Gesandten, der zu Fuß aus Bagdad nach Paderborn gekommen war. Sogar schon im alten Troja gab es Fremdenführer, die die Schönheiten der Stadt zeigten, in Athen florierte der Handel mit Reiseandenken. Reisen unternahm man nicht aus der Not, sondern zum Vergnügen, um des Reisens selbst willen. Auch die später beliebt werdenden Pilgerfahrten spiegeln dies wider. Der Bedarf an Straßen, der ja mit der Reiselust einhergehen mußte, blieb dennoch lange Zeit nur unvollkommen gedeckt. Die Verkehrswege waren, von Ausnahmen abgesehen, meist eher befestigte Feldwege als Straßen.

Die großen Straßenbauer des Altertums wurden erst die Römer, und zwar weil bei ihnen – mehr als der private – der militärische Bedarf eine große Rolle spielte. Zudem gehörten Hoch- und Tiefbau ohnehin zu ihren Stärken. Und so überzogen die Baumeister des alten Rom in fast acht Jahrhunderten das Reich mit einem immensen Straßennetz, das, obwohl primär zu strategischen Zwecken eingerichtet, bald auch wirtschaftlichen Wohlstand ins Land brachte. Allein die gepflasterten Hauptstraßen dieses Netzes maßen insgesamt mehr als 90 000 km Länge, rechnet man Feld- und Wirtschaftswege hinzu, kommt man auf sage und schreibe 290 000 km (das Autobahnnetz der Bundesrepublik – zum Vergleich – mißt gerade mal 6000 km). Kein

Wunder also, daß unser Wort *Straße* aus dem Lateinischen kommt.

Die großen Wagenbauer des Altertums aber waren die Kelten. Ihre Stärke war das Handwerk, vor allem die Verarbeitung von Metall und Holz. Schon aus der Hallstattzeit sind uns prunkvoll beschlagene Kultwagen aus Fürstengräbern bekannt; man hat weit über hundert Wagengräber gefunden. Pferd und Wagen nahmen im sozialen und kulturellen Leben der Kelten eine große Bedeutung ein, wie zahlreiche bildliche Darstellungen zeigen. Als Nomadenvolk, das sie im Grunde ihres Wesens bis zum Verlust ihrer kulturellen Eigenständigkeit blieben, waren die Kelten eigentlich immer auf Achse, lebten und arbeiteten im fahrbaren Untersatz. Vom keltischen Wortschatz für Fahrzeuge, Zugtiere und Zaumzeug ging vieles in die lateinische Sprache ein, und manches wurde durch die Jahrhunderte und die verschiedenen Sprachen hindurch weitergereicht und gelangte bis in unsere eigene Sprache: der *Karren,* die *Kavallerie,* aber auch der *Gaul,* der *Reiter* und das *Pferd.* Letzteres ist eine erst im Mittelalter gebildete griechisch-lateinisch-keltische Mischform, sie kommt von *paraveredus [= das vor den Reisewagen*(kelt. = *reda) Gespannte],* ist interessanterweise also eine ähnliche Sprachmischung wie das moderne *Automobil.*

Gewiß hatten sich die Römer vieles vom keltischen Fahrzeugbau schon lange vor ihrem Einmarsch in die Provence abgeschaut. Die Kelten waren ja seit dem 4. Jahrhundert v. Chr. auch in Italien gut bekannte, wenn auch nicht gern gesehene Gäste gewesen. Aber dennoch muß es noch immer für beide Seiten einen enormen Gewinn an Mobilität bedeutet haben, als seit 121 v. Chr. römische Straßenbauer und keltische Wagenbauer gemeinsam an der Verbesserung der Verkehrsverbindungen Galliens arbeiten konnten.

Die erste Straße, die die Römer außerhalb Italiens bauten, war die Via Domitia; sie verlief von Beaucaire an der Rhône bis zu den Pyrenäen. Entworfen im Jahre 121 v. Chr. vom Prokonsul der

Provinz von Narbonne, Gnäus Domitius Ahenobarbus, dessen Namen sie trägt, war auch die Via Domitia zuerst eine Verbindung für militärische Zwecke in Richtung Spanien (römische Provinz seit 197 v. Chr.), eine wichtige Achse dieser ersten außerhalb von Italien gegründeten Kolonie, dann jedoch sehr bald auch ein bedeutender Handelsweg, denn sie durfte auch für Privatreisen benutzt werden. Nîmes, Montpellier, Béziers, Narbonne, Perpignan – all diese Städte waren früher einmal Relaisstationen an der ersten Schnellstraße Europas; die meisten lagen zudem an wichtigen Fernstraßenkreuzungen. (Montpellier und Perpignan entstanden allerdings erst durch eine Verlegung der Streckenführung einige hundert Jahre später.) Für alle war der Wirtschaftsstandort Gallia Narbonensis der Garant ihres Wachstums bis hin zur modernen Großstadt (um es mal wie ein Politiker unserer Zeit zu sagen). Die Städte, fast alles römische Neugründungen, quollen schon bald über mit neuen Bewohnern: Wirtschaftsflüchtlingen aus dem Umland oder aus den oft nur wenige Kilometer entfernten alten, keltisch geprägten Städten, die über kurz oder lang verödeten. Es gibt heute hier im Midi keine einzige Stadt, die eine ununterbrochen bis in keltische Zeiten zurückreichende Traditionslinie hat.

Bis zu 70 km pro Tag legten die Kuriere, die zur Kavallerie des römischen Heeres gehörten und die Reichspost beförderten, auf der kerzengerade geführten, glatt gepflasterten, aber meistens mit tiefen Spurrillen überzogenen Fernstraße zurück. Alle 45 km gab es größere Etappenstationen (*mansio* genannt), alle 10 bis 12 km wurden an kleineren Stationen *(mutatio)* die Pferde gewechselt. Alle 1000 Schritt (= 1 röm. Meile = 1480 m) stand ein Meilenstein, auf dem eine Entfernungsangabe sowie Namen und die Titel des Oberbefehlshabers über das Heer, später des Kaisers, vermerkt wurden. Einer dieser Meilensteine ist heute der berühmteste römische Meilenstein Frankreichs – und mehr als das –, denn er trägt die älteste lateinische Inschrift, die man auf französischem Boden gefunden hat. Er steht in Narbonne.

Der Bau der Straße wurde unter immensem technischem Aufwand betrieben und verschlang, wie wir wissen, riesige Summen. Eine kleine Episode aus der Geschichte der Gallia Narbonensis vermittelt ein Bild von den Geldbeträgen, die da im Spiel waren.

Um das Jahr 70 v. Chr. wurde bekannt, daß der Provinzgouverneur Marcus Fonteius 26 Millionen Sesterzen an Steuergeldern unterschlagen hatte, die für die Instandhaltung der Straßen vorgesehen waren. Damit man sich vorstellen kann, welche Kaufkraft eine solche Summe hatte, hier zum Vergleich ein paar Preise des gehobenen Lebensstils. Noch 250 Jahre nach dem Betrug des Fonteius bekam man in Gallien eine Sklavin aus Kreta für gut 1700 Sesterzen, ein Sklavenkind sogar für die Hälfte. Wer – vielleicht anläßlich einer Orgie nach römischem Vorbild – mit seinen Kumpanen ein Faß aufmachen wollte, der mußte allerdings für die 26-Liter-Amphore Wein von der besseren Sorte stolze 1000 Sesterzen hinlegen. Nehmen wir also einmal an, Fonteius hätte für seine unterschlagenen 26 Millionen 2600 Amphoren Wein kaufen können, und legen wir ferner zugrunde, daß 26 Liter Rebensaft (das sind ca. 35 Flaschen) bei uns heutzutage gut und gerne 200 Mark kosten (und das wäre billiger Wein), dann entspräche der auf die Seite gebrachte Betrag einer flotten halben Million, nämlich genau 520 000 Mark. Bedenkt man noch die hohe Geldentwertung, unter der die Wirtschaft des Römischen Reiches ständig zu leiden hatte, dann mag's unter Fonteius sogar das Doppelte oder Dreifache wert gewesen sein.

Soweit der pekuniäre Aspekt. Interessanter ist aber die politische Seite der Selbstbereicherung. Das Geld stammte natürlich aus Steuereinnahmen, die Fonteius den Galliern abgepreßt hatte (römische Bürger brauchten dagegen schon seit 168 v. Chr. überhaupt keine Steuern mehr zu zahlen). Da aber die Verwendung der Mittel schon verplant war, ersann der gerissene Gouverneur gleich noch eine neue Abgabe, um das entstandene Steuerloch zu stopfen: die Weinsteuer. Das fand zwar jeder unerhört, doch konnte sich keiner beklagen, da man ja schließlich nicht zum Weintrinken gezwungen wurde. Diese geniale Methode der Steuererhebung, bei der sich die Menschen freiwillig steuerpflichtig machen, wendet man ja auch auf uns heute noch an.

Aber Fonteius hatte die Rechnung ohne seine unbeugsamen Gallier gemacht. Ermutigt durch einen ähnlichen Fall auf Sizilien, wo kurz zuvor der dortige Gouverneur Verres wegen Steuermißbrauchs verurteilt worden war, entsandten sie unter der Führung des Induciomarus, des Chefs der Allobroger, eine Delegation nach Rom, um sich zu beschweren und ihren Gouverneur anklagen zu lassen. Das zeugte jedoch von allzu großem Vertrauen in die römische Dame Justitia. Der Fall kam zwar vor Gericht, doch die Verteidigung übernahm Roms Staranwalt Marcus Tullius Cicero, welcher seinerzeit im Fall des Verres die Anklage vertreten hatte. Diesmal aber verteidigte er den Betrüger Fonteius, und zwar mit der Begründung, dieser habe schließlich das Geld nur den barbarischen Galliern abgenommen, nicht, wie seinerzeit Verres, der römischen Republik und dem römischen Volk. Dies sei ja doch noch irgendwie verzeihlich. Und außerdem solle das römische Volk ihm dankbar sein für die geniale Erfindung der neuen Steuer. Große Neuerungen verlangten eben ungewöhnliche Mittel. Der Urteilsspruch selbst ist nicht mehr bekannt, aber man weiß, daß Fonteius später auf Staatskosten noch lange ein gutes Leben in Süditalien geführt hat. Politiker kommen mit so was durch.

Diese und noch andere Episoden vom Leben in der Provincia Narbonensis erfährt der Reisende übrigens in der Wanderausstellung *Via Domitia,* die seit 1989 (als sie in Narbonne Premiere hatte) Jahr für Jahr in verschiedenen Städten entlang der alten Römerstraße gezeigt wird. Die regionalen Fremdenverkehrsbehörden haben die Attraktivität dieser Straße für den Tourismus in den letzten Jahren zunehmend erkannt und erschlossen, und sie fördern die Bekanntheit der 250 km langen Sehenswürdigkeit durch verschiedene Maßnahmen. So soll vor allem der alte Verlauf der Straße durch Hinweisschilder möglichst genau gekennzeichnet werden; an vielen Stellen sind solche Schilder schon vorhanden. Ferner stehen an den wichtigsten Punkten große Schautafeln (mit Erläuterungen in mehreren Sprachen). Und schließlich ist als wichigste Aktion die erwähnte Ausstellung zu nennen. Einen genauen Zeitplan, wann man sie in welcher Stadt sehen kann, gibt es freilich noch nicht. Der geneigte Leser, der es ganz genau wissen möchte, sollte vor seiner Reise die Kontaktadresse anschreiben, man wird es ihm dann bestimmt mitteilen. Ansonsten – wer die Routen an ihren wichtigen, auf den folgenden Seiten beschriebenen Punkten besucht, der kann die Ausstellung eigentlich kaum verpassen. In irgendeiner Stadt, sei es Perpignan, sei es Montpellier, sei es Nîmes, irgendwo muß er ihr einfach begegnen.

Und hier die Kontaktadresse:

Association Régionale »Via Domitia«
Comité Économique et Sociale du Languedoc-Roussillon
Hôtel de la Région
201, avenue de la Pompignane
34064 Montpellier Cedex
Tel.: 67 22 80 00

Einige Reiseveranstalter bieten auch schon mehrtägige Touren (4 bis 5 Tage) zur Entdeckung der Straße an. Hier zwei Adressen:

COUCOUTOURS
Château des Ducs de Joyeuse
11190 Couiza
Tel.: 68 74 02 80

CÉVENNES CARS
Aire d'Ambrussum – Autoroute A 9
Villetelle
34400 Lunel
Tel.: 67 83 19 82 und 67 83 17 78

»Aire d'Ambrussum« ist der Name einer Autobahnraststätte an der A 9, die von der Autobahn selbst allerdings als »Aire de Vidourle« ausgeschildert ist.

Alle Hinweisschilder auf die Via Domitia tragen dieses Emblem:

Von Beaucaire bis Nîmes

Wer die Streckenführung der heutigen Landstraße zwischen Beaucaire und Nîmes, der D 999, auf der Karte mit den Augen verfolgt, erkennt leicht den Verlauf der alten Römerstraße. Ab dem Städtchen Redessan, wo die D 999 kerzengerade auf die Porte Auguste in Nîmes zuführt, verläuft die moderne Straße auf der Trasse der alten Via Domitia. Der Abschnitt zwischen Redessan und Beaucaire ergibt sich aus der geradlinigen Verlängerung der D 999 in Richtung Beaucaire. Es ist ein 8 km langer Feldweg durch Weingärten, an dem an vier Stellen Gruppen römischer Meilensteine *in situ,* also am Originalplatz, stehen. Sie markieren – von Nîmes gezählt – die neunte, zehnte, dreizehnte und fünfzehnte Meile. Wer sein Auto unbedingt ruinieren möchte, kann streckenweise diesen Abschnitt auf Schotterpisten befahren. Verboten scheint es nicht direkt zu sein. Empfehlenswert ist die historische Route allerdings wohl eher für Wandervögel oder Mountain-Bikes.

> **Wegbeschreibung:** *Zu finden ist die Strecke am leichtesten von Redessan aus. Etwa am Ende der Ortsdurchfahrt (von Nîmes Richtung Beaucaire fahrend) kreuzt man die D 3 (rechts geht es nach Bellegarde, links zur Ortsmitte), ca. 400 m weiter steht rechts ein Bauernhof namens »le Mas des Pins«, davor geht ein kleines Sträßchen rechts ab; genau hier an der Kreuzung ist an der Wand des Bauernhofes ein Schild mit dem Trassenverlauf der Via Domitia angebracht. Wenige Meter weiter zeigt ein Schild an, daß die Schotterpiste durch die Weingärten hier die Via Domitia ist.*

Die alten Meilensteine, von denen die Römer großzügig viele aufstellten, fanden im Lauf der Zeiten auch das Interesse der einheimischen Bevölkerung. Sie wurden später oft von ihren Standorten entfernt und fanden in neuen Bauwerken Verwendung. In dem Ort Jonquières-St-Vincent, 7 km von Beaucaire, kann man ein Beispiel solcher Weiterverwertung sehen. Ca. 1 km vor der Ortseinfahrt aus Richtung Beaucaire steht ein Kirchlein aus dem 12. Jh., die Chapelle St-Laurent. In ihrem Innern sind zwei alte römische Meilensteine zur Gestaltung eines »Triumphbogens« verwendet worden. Ein recht stattliches Exemplar eines Meilensteines findet man auch noch zwischen Redessan und Nîmes in dem Städtchen Manduel. Man muß dazu die Hauptstraße (D 999) für einen kleinen Umweg verlassen, und zwar kurz nach Redessan nach links über die D 503, und sieht dann den Stein zur Rechten kurz vor Erreichen der Ortsmitte. Nur um des Fotografierens willen lohnt sich der Umweg allerdings nicht. Ein konventionell schönes Fotomotiv gibt der Stein trotz seiner imposanten Größe (ca. 3 m hoch) nicht her, denn da steht doch sehr viel Störendes in der Gegend herum: häßliche Gebäude, kreuz und quer parkende Autos, Strommasten ... Na ja, für einen ambitionierten Fotografen vielleicht auch eine Herausforderung.

Nîmes

Wer aus Beaucaire kommend immer geradeaus auf das Stadtzentrum von Nîmes zufährt, gelangt schließlich zu der unter Kaiser Augustus im Jahre 15 v. Chr. erbauten Porte d'Arles, die in Er-
innerung an seinen Grundsteinleger auch als Porte Auguste
bekannt ist. Die Via Domitia hatte schon ihren hundertsten Ge-
burtstag gefeiert, als die monumentale Pforte errichtet wurde,
doch als sie einmal stand, da führte fortan der Weg der Fernstraße offiziell durch ihre Bögen. Zwischen den beiden mittleren
Bögen ist eine Säule eingebunden, die ein Meilenstein der alten
Verkehrsader ist. Es ist sozusagen die Null-Markierung, von der
die Entfernungen sowohl in westlicher als auch in östlicher Richtung gemessen wurden. Die auf der vorigen Etappe erwähnten
Meilensteine zwischen Redessan und Beaucaire sind ebenfalls
von hier aus gezählt. Zur Römerzeit hatte die Pforte übrigens
zwei Türme von je 10 m Durchmesser, deren Lage heute auf
dem Gehweg weiß markiert ist.

Direkt hinter der Porte Auguste knickte die Straße nach links ab,
führte weiter am Amphitheater vorbei und verließ die Stadt in
südwestlicher Richtung. Die *Association Régionale »Via Domitia«* beabsichtigt, den genauen Verlauf der Römerstraße im
Stadtbild durch ihr bekanntes Emblem zu markieren.

Natürlich waren es auch hier die Römer, die die Stadt Nemausus
gründeten, aus der dann Nîmes erwuchs. Doch ging das, wie andernorts, auch hier nicht ganz ohne die Kelten vonstatten, denn
Nemausus war schon bekannt, bevor die Römer kamen, allerdings als Name eines keltischen Quellgottes, der an der Stelle
verehrt wurde. Die erste Gründung eines Siedlungsplatzes
überhaupt wird allerdings – so die Sage – dem Herakles in die
Wanderschuhe geschoben.

Sehenswert – im Kontext der keltischen Tradition – ist in Nîmes vor allem das Musée Archéologique. Es liegt direkt an der Via Domitia: 13, boulevard Amiral-Courbet, zwischen Port d'Auguste und Amphitheater. Im Erdgeschoß sind einige der bekanntesten von keltischer Künstlerhand gefertigten, südfranzösischen Kriegerskulpturen zu sehen, insbesondere die berühmten Krieger von Ste-Anastasie und von Grézan. Es handelt sich um Steinskulpturen, die interessante Details aus dem Leben der Kelten im Midi abbilden. Der Krieger von Ste-Anastasie (gefunden in den Höhlen von Ste-Anastasie ca. 25 km nördlich von Nîmes) trägt einen Helm von gewaltigen Ausmaßen; auf den Seiten fällt er bis über die Schultern herab. Trotz der unbeholfenen Steinmodellierung kann man mit gewissem Recht vermuten, daß das Material des dargestellten Originalgebildes Leder gewesen sein muß. Auf der Brust ist durch in den Stein geritzte Linien ein Brustpanzer dargestellt – wohl ebenfalls aus Leder. Interessant im Vergleich damit ist die Kriegerskulptur aus Grézan. Es ist die früheste keltische Statue, bei der die Details der Rüstung nicht mehr durch Gravur, sondern durch Relief dargestellt sind. Eine veritable Fortentwicklung in der Bildhauerkunst – in der Imitation der mediterranen Bildhauerkunst, genaugenommen. Der Helm des tapferen Kriegers ist ganz ähnlich geformt wie der des vorher genannten und wohl auch aus demselben Material. Ein weiteres sehenswertes und für die nächste Station der hier beschriebenen Reiseroute bedeutsames Exponat ist der Türsturz von Nages, auf dem, ebenfalls schon in Relieftechnik, die typisch keltischen Motive abgebildet sind, die uns verraten, wes Geistes Kind die Bewohner des Oppidums 20 km westlich von Nîmes gewesen sein müssen: *têtes coupées* und Pferdedarstellungen. Im Obergeschoß des Museums gibt es noch eine interessante Münzsammlung, in der Stücke mit gallischer Inschrift in griechischen Buchstaben zu sehen sind. Und schließlich beherbergt das Museum auch die bedeutendste Sammlung römischer Meilensteine in der Gegend.

Weiterfahrt nach Nages über Bernis und Uchaud: *Die N 113 und die A 9 von Nîmes nach Montpellier verlaufen in der Nähe der alten Via Domitia. Die Römerstraße selbst ist hier unter der modernen Bausubstanz verschwunden. In dem Dorf Bernis, das man 6 km nach Nîmes passiert, sind mehrere Meilensteine erhalten. Einer, genaugenommen nur ein 1 m hoher Stumpf, steht auf dem Dorfplatz vor der Kirche, ein zweiter ist im Innern der Kirche als Säule verwendet und ein dritter an der Landstraße D 107 zwischen Bernis und Uchaud.*

Am Ortseingang von Uchaud zweigt nach rechts der Weg in Richtung Nages ab.

Nages

Anfahrt: *Von der N 113 erreicht man das Dorf Nages am besten von Uchaud aus über die D 107 Richtung Boissières (den Schildern Richtung Bizac und Calvissan folgen). Am Ortsrand von Uchaud geht es erst ein bißchen unübersichtlich im Zickzackkurs über eine Eisenbahn- und eine Autobahnbrücke, aber danach auf freier Strecke findet man leicht den Weg ins Dorf.*

In Nages selbst gibt es nur ein ziemlich schlecht sichtbares Hinweisschild aus Holz auf das Oppidum auf der Anhöhe oberhalb des Ortes; es ist in der Ortsmitte am Dorfplatz angebracht und führt den Besucher auf eine Straße schmal wie ein Nadelöhr, aber mit dem hilfreichen Namen »Rue d'Oppidum«, welche, man glaubt es kaum, es sogar schafft, noch schmaler zu werden, so daß man im Auto schon auf seine Außenspiegel zu achten beginnt. Man kommt aber mit dem PKW gerade eben noch durch, doch wer vernünftig ist, parkt unten im Dorf und geht zu Fuß die paar hundert Meter bergan bis zu der Stelle, wo auch der Faulste seine vier Räder zurücklassen muß und dann am besten gleich feste Schuhe anzieht, um auf dem steinigen Fußweg die restlichen 500 m bis zur Spitze aufzusteigen.

Oben wird man mit einem Rundumblick belohnt, der nach Osten bis zu den Alpillen und weiter bis zum Lubéron- und Ventouxmassiv und nach Süden bis in die Camargue reicht. Als »Burg, Auslug, Zufluchtsort« beschreibt Gerhard Herm die Behausung hier oben. Die Kelten machten sich spät, im 2. Jahrhundert v. Chr., auf dem Hügel breit, der Siedlungsplatz selbst ist aber sicherlich viel älter. Der Lebensstil, den man zu keltischen Zeiten auf dem Oppidum kultivierte, deutet mit nichts darauf hin, daß die gallischen Spätaussiedler hier oben auf Abkömmlinge der sanftmütigeren, hellenistisch leicht beeinflußbaren Iberer aus dem Westen trafen. Es scheinen eher Stämme der östlich der Rhône beheimateten Ligurer gewesen zu sein.

Die Ausgrabungen sind noch nicht lange zur Besichtigung freigegeben; noch immer stehen die Zäune der ehemaligen Absperrungen herum. Man sieht sehr viel an Details von der Anlage des Oppidums. Die Wände der Gebäude sind aus dem flachen Kalkstein hergestellt, aus dem praktisch der ganze Hügel besteht. Bis vor einigen Jahren noch war das gesamte Oppidum derart zu einer monumentalen Geröllhalde zusammengefallen, daß G. Herm damals den Eindruck festhielt, er glaube, auf einem riesigen Termitenhügel zu stehen. Der Charakter eines Termitenhügels ist an manchen Stellen noch immer erhalten, und man erkennt gerade dort sehr gut, wie sich unter dem Wirrwarr der Steinbrocken das regelmäßige Gefüge der Grundmauern einstiger Gebäude abzeichnet und von den Archäologen in Kleinarbeit herausgeschält wird und wurde. Beim Besuch der Anlage ist man aber praktisch gezwungen, das zu tun, was an den meisten anderen archäologischen Stätten – mit Recht – streng verboten ist: man muß mitunter auch einmal oben über die mühselig ausgegrabenen oder wiederhergestellten Mauern gehen, um überhaupt voranzukommen.

Großenteils sind die Gebäude schon recht ordentlich freigelegt und teilweise auch wiederhergestellt worden. Man geht eine gut erkennbare Straße hinauf, in deren Verlauf hier und da sogar Treppenstufen in den Kalkfelsen eingeschlagen wurden. Rechts und links erkennt man die Innenräume der Häuser, die allerdings nicht alle direkt von der Straße zugänglich sind und oft nur von hinten oder über Nachbarhäuser betreten werden konnten. Beeindruckend ist die außergewöhnliche Geräumigkeit der Innenräume; manche erreichen gut und gerne eine Grundfläche von 5 Metern im Quadrat.

Die Befestigungsmauer, die bis zu einer Höhe von fast 4 Metern erhalten ist, hat eine stattliche Dicke von drei, an manchen Stellen sogar fünf Metern. Außen besteht sie aus mörtellos übereinandergeschichteten unbehauenen Kalksteinblöcken, das Innere wurde lose mit Erde und Steinbrocken gefüllt. Die Technik ver-

Mauer des Oppidums bei Nages

rät deutlich ihre Herkunft aus keltischen Landen. Aber auch hier finden wir die mächtigen Außenbastionen – griechisches Imitat wie in Entremont.

Auf Hinweistafeln, Grundrißskizzen oder die sonst in Frankreich bei frühgeschichtlichen Monumenten so beliebten Handzettel-chen, die das Wie und Warum der Überbleibsel erläutern, muß der Besucher bis dato noch verzichten. Hier ist dieser Mangel gar nicht so bedauerlich, denn es gibt auch so genug zu sehen und zu staunen.

Das Oppidum von Ambrussum

Anfahrt: *Der beste Weg führt über Lunel. Im Ort die D 34 Richtung Sommières nehmen, dann abbiegen auf die D 110 Richtung Ville-telle. Nachdem man die Autobahn unterquert hat, findet man in ei-ner Linkskurve auf einem dicken Stein ein kleines Hinweisschild nach Ambrussum. Von dieser Stelle an ist die Beschilderung sehr ausführlich und deutlich und führt den Suchenden noch einmal zu-rück auf die andere Seite der Autobahn und dort zum Oppidum.*
Von der Autobahnraststätte »Aire de Vidourle« an der A 9 ist das Oppidum ebenfalls, allerdings durch einen kleinen Fußmarsch, zu erreichen.

Von den Sehenswürdigkeiten, die Ambrussum zu bieten hat, gibt es eine, die der Besucher sogar gleich zweimal bestaunen kann, nämlich im Original hier an Ort und Stelle und auf dem Bild im Musée Fabre in Montpellier. Dort hängt ein Ölgemälde von Gustave Courbet, das die Ruine der römischen Brücke über den Vidourle zeigt: *Pont d'Ambrussum*. Das Gemälde aus dem 19. Jahrhundert zeigt noch zwei vollständige Brückenbögen, während im heutigen Originalzustand nur noch ein ganzer Bo-gen und ein Pfeiler des zweiten erhalten sind. Der Verfall wurde von einem Hochwasser im Jahre 1933 verursacht. Man will ver-suchen, die Ruine wenigstens so weit wiederherzustellen, wie Courbet sie vor mehr als hundert Jahren sah.

Für ein so kleines Flüßchen wie den Vidourle mutet das wenige, was von der Brücke noch zu sehen ist, gleichwohl wie das Über-bleibsel einer einstmals gigantischen Konstruktion an. Aus riesi-gen Steinquadern wurden die Pfeiler und Bögen zusammen-gefügt, nur die Fahrbahndecke ist aus kleinerem Material hergestellt. Vermutet wird, daß es einst elf Brückenbögen gewe-sen sind, auf denen die Via Domitia in luftiger Höhe über den im Sommer träge dahinfließenden, kaum 50 m breiten Vidourle

Römisches Straßenpflaster und Brücke

geführt wurde. Ein Blick hinauf auf die in Flußnähe liegende Anhöhe, auf der einst die römische Poststation Ambrussum lag, erklärt aber, warum die aufwendige Bauweise nötig war. Die Brük-
ke war zugleich eine mehrere hundert Meter lange
Auffahrrampe, mit der der Höhenunterschied zwischen Flußtal
und Poststation überwunden und für schwere Fahrzeuge erträg-
lich gemacht wurde.

Am Fuße des Berges markiert die Nachbildung eines römischen
Meilensteines den Anfang des Aufstieges. Auf der Höhe setzt
sich der Weg über ein Stück Originalfahrbahn der Via Domitia
fort, die man hier oben mehrere hundert Meter weit bewandern
kann. Zur Pflasterung wurden teils großflächige, bearbeitete
Platten, teils kleine längliche, quer zur Fahrtrichtung gelegte
Bruchsteine verwendet. Die zweitausend Jahre alte Fahrbahn-
strecke ist mit tiefen Karrenspuren durchzogen. Eisenbereifte

Vorrömische Mauer

Wagen haben sie einst verursacht, und es schmerzt noch heute fast in den Ohren, sich vorzustellen, wie es damals im Städtchen geknirscht haben muß, wenn die einachsigen Wagen der Postkuriere oder die zweiachsigen Transportfahrzeuge ohne lenkbare Vorderachse darüber hinweggefahren sind. Indessen hat diese Vorstellung auch schon wieder etwas Lächerliches an sich, wenn man sich vergegenwärtigt, welchen Lärm heute die gummibereiften, servogelenkten Stinker auf der nur 500 m entfernt liegenden Autoroute Languedocienne verursachen.

Bevor die Römer auf dem Hügel eine Poststation der Via Domitia einrichteten, war Ambrussum ein keltisches Oppidum, das vermutlich seit dem Ende des 4. Jh. v. Chr. bewohnt war. Neuere Ausgrabungsarbeiten brachten die Fundamente eines Schutzwalles ans Licht, der heute über eine Länge von 650 Metern zu sehen ist. Das Bauprinzip ist wieder das der befestigten Spornanlage, das wir schon von vielen anderen Orten aus dem nördlicheren Gallien kennen. Die Umwallung (ca. 4 m dick) ist einfach an den Rand der Hügelkuppe gebaut, wodurch aus einer sanft ansteigenden eine unüberwindlich steile Hügelflanke gemacht wurde. Aber auch hier finden wir die mächtigen Türme, die die südfranzösischen Oppida auszeichnen – fünfundzwanzig an der Zahl.

Als während der *pax romana* die Zeiten ruhiger wurden, bildete sich zu Füßen des Oppidums zwischen Berghang und Flußufer eine zweite kleine Stadt. Sie hat man ebenfalls ausgegraben und das *Unterviertel* genannt. Es war bis zum 3. Jh. v. Chr. bewohnt.

Von Ambrussum bis Ensérune

In Montpellier geht die alte Römerstraße nicht durchs Stadtzentrum, denn diese Stadt hat genaugenommen keine antiken Wurzeln, sondern ist eine mittelalterliche Gründung. Das urbane Zentrum der gallorömischen Antike war Substantio und lag einige Kilometer nördlich, wo heute die N 113 die Vorstadt Castelnau-le-Lez durchquert. Auch hier, ebenso wie in dem etwas östlich abseits der Nationalstraße gelegenen Städtchen Le Crès, sind Relikte des römischen Verkehrsweges beschildert.

Westlich von Montpellier erkennt man auf der Karte den Verlauf der Via Domitia leicht als eine aus modernen Straßenabschnitten zusammengesetzte gestrichelte Linie, die auf der Nordseite parallel zur N 113 und A 9 verläuft. Ausgehend vom Schloßpark von Lavérune nimmt sie ihren Lauf über die D 185^E, setzt sich ab Fabrègues bis Montbazin als Feldweg fort, touchiert zwischenzeitlich auch einmal die Eisenbahn und gelangt auf der D 119^E von Montbazin nach Poussan. Für den eifrigen Fußgänger bieten sich hier 20 km ununterbrochene Via Domitia, mit dem PKW kann man die Strecke natürlich nur auf den genannten klassifizierten Straßen befahren und muß, wo es nicht mehr weitergeht, zurück auf die N 113. Hinter Mèze, nachdem die Nationalstraße einen scharfen Knick nach rechts gemacht hat, könnte man das gleiche Spiel wiederholen, nur daß man hier nicht einmal mehr D-Straßen zur Verfügung hat. Auf der Karte erkennt man nördlich der A 9 eine Linie von Nebenstrecken, die kerzengerade auf St-Thibéry zuführt, aber am Ufer des Hérault abbricht. Die dort mitten in den Fluten ruhende Römerbrücke ist zwar in einem geringfügig besseren Zustand als die vor Ambrussum, aber auch sie taugt nicht mehr zur Flußüberquerung, nur noch als Sehenswürdigkeit. Und selbst der Blick auf sie ist

Brücke von St-Thibéry

besser, wenn man sich ihr von der anderen Seite des Flusses, also vom rechten Ufer des Hérault nähert.

Anfahrt zur Brücke bei St-Thibéry: *Von St-Thibéry nimmt man die D 18 in Richtung Florensac. Auf halber Strecke zwischen den beiden Städten überquert man eine Eisenbahnlinie. Direkt hinter den Gleisen geht ein schmaler Weg nach links (Schild »Pont Romain«), der auf der 1 : 200 000-Karte nicht verzeichnet ist. Nach ca. 300 m kommt man zu der römischen Brücke.*

Sechs Bögen der Brücke kann man noch erkennen. Einen siebten auf der einen, abgebrochenen Seite vermuten die Archäologen. Brücke und Umgebung sind in einem etwas verkommenen Zustand. Der Fluß wird hier hauptsächlich von Einheimischen zum Angeln und zum Picknick aufgesucht.

Béziers: im Vordergrund die Pont Vieux

Béziers ist die einzige Stadt an der Via Domitia, die hoch auf einem Berge liegt. Zur Zeit Cäsars wurde sie an der Stelle eines alten Oppidums gegründet, das zuvor dem Erdboden gleichgemacht wurde. Den Fluß Orb überquerte die Via Domitia auf einer Brücke, die im Mittelalter restauriert wurde und noch heute vom Autoverkehr genutzt wird (allerdings als Einbahnstraße). Es ist die Pont Vieux. Ausgehend von dieser Brücke soll uns die alte Römerstraße bis zum nächsten Etappenziel führen: direkt vor das Oppidum von Ensérune.

Mit dem PKW über die Via Domitia von Béziers bis Ensérune: *Richtung Narbonne (N 9) durch die Eisenbahnunterführung am Ausgang der Stadt, 200 m dahinter die kleine Gabelung nach rechts nehmen (mehrere lokale Hinweisschilder, das unterste weist auf die Via Domitia). Wir fahren die Platanenallee entlang, dann kommt eine Gabelung, wo man nur nach rechts kann. Nach 500 m kommen* wir auf eine große Kreuzung (D 64); wir fahren geradeaus. An der nächsten Gabelung wieder rechts (hier stehen nun überall Hinweisschilder). Schließlich sehen wir auf der linken Seite eine steinerne Brücke über den Canal du Midi, der im 17. Jahrhundert angelegt wurde und die Via Domitia im spitzen Winkel schnitt. Wir müssen den Kanal deshalb überqueren (auch wenn das jetzt kein Schild mehr von uns fordert) und ab jetzt auf der anderen Seite des Kanals der Römerstraße folgen. In dem Dörfchen Colombiers angekommen, kreuzen wir die D 162^F und fahren geradeaus in den Ort hinein. Wir kommen zu einem Stoppschild (rechter Hand liegt ein Wasserturm) und fahren auch hier geradeaus auf die D 162 nach Nissan, und wenige Meter hinter dieser Kreuzung zweigt ein schmaler, unbeschilderter Weg nach rechts ab: mit ihm haben wir nach kurzer Unterbrechung die Trasse der römischen Straße wiedergefunden. Wir fahren jetzt durch Weingärten, zur Rechten gibt es eine hohe Böschung, und allmählich kommen wir wieder ganz nah an den Rand des Canal du Midi heran, fahren da noch ein paar hundert Meter entlang, zur Rechten säumen unseren Weg zunächst Platanen, dann Pinien, und bald kommen wir an eine Kreuzung, wo es nach rechts hinaufgeht auf den Hügel des Oppidums von Ensérune.

Montagne d'Ensérune

Das Land nördlich der Pyrenäen. Wer auf der Via Domitia einmal bis über Béziers hinausgekommen ist, der sollte sich nicht wundern, wenn ihm nun manches spanisch vorkommt. Am Straßenrand taucht plötzlich Werbung für spanischen Sherry auf, immer öfter leuchten im Straßenbild die katalanischen Nationalfarben (fünf rote Balken auf gelbem Grund), und wenn man es schließlich bis Perpignan geschafft hat, dann sieht man die katalanische Flagge von den öffentlichen Gebäuden wehen und kann, wenn man will, sich abends in der Altstadt mit den Einheimischen zur Sardana unterhaken. Für die südlich und nördlich der Pyrenäen lebenden Völker hat das mächtige Gebirgsmassiv schon immer eine einigende, keine trennende Funktion gehabt. Mögen Frankreichs heutige Grenzen auch noch so natürlich erscheinen – daß das Land um Béziers, Narbonne und Perpignan, um Carcassonne und Toulouse heute zu Frankreich gehört, ist das Endergebnis einer jahrhundertelangen Kette kriegerischer Konflikte, in denen mehr und mehr Teile vom Land nördlich der Pyrenäen ihre Unabhängigkeit einbüßten. Im 17. Jahrhundert, nach dem Krieg gegen Spanien, war es das Roussillon, das als letztes Puzzlesteinchen in die französische Landkarte eingesetzt wurde, um das Land hexagonal zu machen; im 13. Jahrhundert wurde in den Albigenserkriegen unter dem Vorwand der Ketzerbekämpfung die Grafschaft von Toulouse (die nach Osten bis zur Rhônemündung reichte) von landgierigen Fürsten aus Nordfrankreich annektiert; Anfang des 8. Jahrhunderts konnten für kurze Zeit verschiedene fränkische Herrscher (von Karl Martell bis zu Karl dem Großen) im Zuge ihrer Bemühungen, die Araber aus Europa zu vertreiben, das Languedoc verwüsten und unter ihre Kontrolle bringen; im 5. Jahrhundert wurde die Region von den Westgoten gestürmt (die dann allerdings auch schnell ein Reich aufbauten, das sich nach Spanien, nicht nach Nordfrankreich erstreckte). Zweimal kam die Invasion freilich nicht aus dem Norden: beim Einzug der Römer und bei der Eroberung des Landes durch die Araber Anfang des 8. Jahrhunderts. Das erste Glied in der langen Kette von Eroberungszügen aus vorwiegend nördlicher Richtung aber war der Expansionszug der Gallier im 4. Jahrhundert v. Chr. Keinem einzigen dieser Eroberer – von den Galliern bis zu Mazarin und Ludwig XIV. – aber gelang es, den Bewohnern ihre unverwechselbare Eigenart zu nehmen, welche in grauer Vorzeit genau wie heute immer die ihrer südlichen Nachbarn war.

Die wissenschaftliche Bedeutung von Ensérune. Der antike Name der Stadt auf dem *montagne d'Ensérune* ist nicht bekannt; der älteste überlieferte Name aus dem Jahre 899 ist *Anseduna*. Die Siedlung mit ihrer keltiberischen Bevölkerung ist das Gegenstück zu dem keltoligurischen Oppidum auf dem *plateau d'Entremont*. Exemplarisch zeigen diese beiden Oppida, wie sich unter dem Einfluß der keltischen Zuwanderer östlich und westlich der Rhône verschiedenartige Mischkulturen bildeten.

Ensérune ist außerdem für die wissenschaftliche Erforschung der vorrömischen Zivilisation Frankreichs von großer Bedeutung gewesen, denn erstens waren die hier gemachten Funde äußerst zahlreich und vielfältig, so daß man an Ort und Stelle sogar ein ganzes Museum dafür einrichten konnte, und zweitens gewann man so wichtige Erkenntnisse über Städtebau, Architektur, Lebensformen, Totenbestattung und Handel schon recht früh. Die ersten Funde wurden 1843 gemacht, die systematische Ausgrabung begann 1915. Es war in Ensérune, wo man zum erstenmal nachwies, daß bereits lange vor der Ankunft der Römer in Gallien städtische Anlagen in Form befestigter Wohneinheiten bestanden und eine funktionierende soziale und wirtschaftliche Ordnung existierte.

Die Archäologie unterteilt die frühgeschichtliche Besiedelung von Ensérune in drei Phasen, deren Spuren der Besucher bei den Grabungen und im Museum gut erkennen kann. Die drei Phasen zeigen jeweils einen eigenen kulturellen Schwerpunkt. Die dabei gewonnenen Erkenntnisse bestätigen u. a. auch die Behauptung des Keltenforschers J. J. Hatt, »daß im Süden Galliens zwei sehr verschiedene und voneinander abgetrennte Welten in bald freundschaftlicher, bald feindlicher Nachbarschaft zusammenlebten, ohne sich zu vermischen«. Hatt spricht hier natürlich von der griechischen und der keltischen Welt. Daneben aber finden sich auf Ensérune die Spuren einer dritten Welt.

Die Iberer. Schon zwischen dem 6. und dem Ende des 5. Jahrhunderts lebten auf Ensérune die gleiche Sorte von Leuten wie südlich der großen Berge, nämlich Iberer. Die Struktur ihrer Siedlung war damals noch alles andere als urban und ganz am Aufbau eines Dorfes orientiert. Die in Holzbauweise errichteten Gebäude hatten Pfahlwände und einen gestampften Boden. Sie lagen wahllos über den Hügel und seine Hänge verteilt, nur gelegentlich wurde der Untergrund eingeebnet, um einen Bauplatz zu schaffen. Die Vorräte lagerte man in unterirdischen Speichern in der Nähe der Wohngebäude. Doch während die bäuerlichen Bewohner noch ihre Dächer mit Zweigen und Schilf deckten, kamen gleichzeitig schon die ersten Waren der griechischen Siedler aus Marseille auf der Berghöhe an. Kleine Mengen importierter Keramiken aus Kleinasien, Attika und Etrurien sind aus dieser Zeit schon bekannt.

Die Griechen. Im 4. und 3. Jahrhundert wird der Einfluß der griechischen, aber auch der keltischen Präsenz in Südfrankreich deutlich stärker. Mehr und mehr findet man griechisches Geschirr aus Marseille, gegen Ende der Periode auch keltische Töpfe. Obwohl auf Ensérune selbst vermutlich keine Griechen gewohnt haben, ändert sich doch merklich die Wohnkultur. Um den Gipfel wird ein Wall gelegt. Vorräte werden nach griechischem Vorbild in *dolia*, das sind großvolumige Tongefäße, gelagert. Die Häuser werden aus Stein gebaut und in geometrischer Anordnung auf Terrassen angelegt. Oft wird das Dach des Wohnhauses dabei durch Säulen gestützt. Großzügige Säulenreihen wie bei den Griechen benutzt man indessen nicht. Nein, sparsam mit der aufwendigen Konstruktion umgehend, findet man heraus, daß auch eine einzige Säule in der Mitte eines Raumes das Dachgebälk stützen kann. Unter dem Einfluß der Griechen lernt die Bevölkerung während dieser Zeit auch bereits den Wein kennen und schätzen, den ihre französischen Nachfahren heute mit so viel Hingabe anbauen. Das Museum von Ensérune, in dem nur Funde aus dem Oppidum aufbewahrt werden, besitzt eine der reichhaltigsten Sammlungen antiker Trinkbecher, die anscheinend ein bedeutendes Statussymbol gewesen sind; man gab sie bei der Feuerbestattung sogar den Verstorbenen mit auf den Scheiterhaufen.

Um 220 v. Chr., am Ende dieser Phase, wird die Stadt zerstört. Von wem? Von Keltenstämmen natürlich, und zwar, wie man weiß, den Tektosagen, einem Stamm aus dem Volk der Volken (das Wort *Welsch* leitet sich von ihrem Namen her).

Die Kelten. Nach der Brandschatzung wurde das Oppidum wiederaufgebaut und vergrößert – offenkundig von Herren derselben Clique, die es vorher zerstört hatte. Aus dem 2. Jahrhundert findet man dann mehr und mehr Spuren einer Gallisierung Ensérunes, allerdings wiederum stark durchsetzt mit hellenistischen Geschmacksimporten. Die Bemühungen dieser Bauherren, auf der Enge des Hügelplateaus durch Kopie großzügiger griechischer Stilprinzipien feine Lebensart vorzutäuschen, wirken noch heute ein bißchen verkrampft. Als Besucher fragt man sich, wo man je etwas Vergleichbares gesehen hat . . . Ein wenig erinnert der ganze Komplex an voluminöse Stilmöbel in einer winzigen Etagenwohnung.

Das Nebeneinander der Kulturen in der Zeit vom 3.–2. Jahrhundert v. Chr. dokumentiert sich auch in der Vielzahl gallischer Münzen mit griechischen, aber auch iberischen Inschriften, die im Museum ausgestellt sind. Dortselbst finden wir auch Keramik mit iberischen, aber auch lateinischen Schriftzeichen, die um diese Zeit die griechischen Produkte vom Markt verdrängten – eine Folge des Niedergangs der griechischen Handelstätigkeit durch die Konkurrenz aus Italien. Indes – ein Schmelztiegel der Kulturen war die Stadt auf dem Berggipfel nicht. Vielmehr tummelte sich in ihr vermutlich ein Mischmasch der verschiedensten Elemente ohne irgendwelche Assimilationserscheinungen. Die Griechen, deren wirtschaftlicher Einfluß in der Zeit schon zurückging, steuerten wohl nur die Geschmacksnormen bei, jedenfalls für eine kleine, einflußreiche gallische Minderheit von graecophilen Snobs. Wirtschaftlich und politisch hatten die Kelten das Sagen, aber sie blieben zahlenmäßig immer klein. Die Bevölkerungsmehrheit war iberisch, sprach iberisch (wie man an den Unmengen gefundener iberischer Kritzeleien erkennt) und zog Kontakte mit der Iberischen Halbinsel einer Orientierung nach Norden oder Osten vor.

Obwohl seit dreihundert Jahren Einflüsse aus dem Norden (gallische Stämme) und dem Osten (Massalia) auf Ensérune eingewirkt hatten, hatte das Gebirgsmassiv der Pyrenäen seine integrierende Kraft behalten.

Die Römer. Nach der Annexion der Provence findet sich zwar vermehrt Geschirr aus Italien, und römische Münzen sind bald die als einzige verwendeten, aber die Spuren des Keltentums werden trotzdem nicht merklich schwächer. Vor allem Metallwerkzeug (Sensen, Messer, Scheren) steuern die Handwerker Galliens zum Wirtschaftsleben auf Ensérune bei. Die neuen Herren aus Italien haben Ensérune weder romanisiert noch zerstört – und wahrscheinlich trotzdem seinen Untergang herbeigeführt. Um 30 n. Chr. wurde die Stadt auf dem Hügel verlassen,

vermutlich weil inzwischen im Schutze der *pax romana* unten in der Ebene die Existenzmöglichkeiten eindeutig besser waren.

Der Étang de Montady. Was dem Besucher oben auf dem Hügel als erstes ins Auge springt, sind allerdings nicht die archäologischen Grabungen, sondern eine riesige, den Feldern auf der Nordostseite scheinbar aufgeprägte Rosette. Das ist der Étang de Montady, ein aus dem Mittelalter stammendes Bewässerungssystem. Seine Gräben sind heute ausgetrocknet und funktionslos, aber sie haben eine der merkwürdigsten kulturlandschaftlichen Formationen geschaffen, die man sich vorstellen kann.

Weiterreise nach Narbonne. *Ensérune liegt heutzutage an einem Verkehrsknotenpunkt ganz besonderer Art. Durch den Berg führen* in mehreren Tunneln insgesamt sechs Verkehrswege: der Canal du Midi, eine Eisenbahnlinie und mehrere Straßen. Das gilt hier zwar als technisches Wunderwerk, kann den Wegsuchenden aber auch gehörig in Verwirrung stürzen.

Die 17 km bis Narbonne legt man am besten auf der übersichtlichen N 9 zurück. Man erreicht sie über die D 162^E in Richtung Nissan-lez-Ensérune.

Narbonne

Was Aix-en-Provence im Osten der *Provincia* war, das bedeutete den Römern im Westen Narbonne, nämlich je ein strategischer Eckpunkt für die Beherrschung des Küstenstrichs zwischen der Rhône und den Pyrenäen. Beide Niederlassungen waren militärisch und wirtschaftlich wichtige Verkehrsknotenpunkte an der Via Domitia – Narbonne, der östliche Vorposten in Gallien, allerdings in ganz besonderem Maße, denn er stellte nicht nur durch die Via Aquitana eine Verbindung nach Westen mit dem Land der Aquitaner her, sondern war als Hafenstadt auch aus der alten Heimat im Osten schnell zu erreichen. Jawohl – die Stadt, die sich heute zwölf Kilometer landeinwärts befindet, lag einmal direkt am Mittelmeer und besaß einen Hafen, der erst im 14. Jahrhundert, als der Aude seinen Lauf verändert hatte, versandete und geschlossen werden mußte.

Es war im Jahre 118 v. Chr., als die *Colonia Narbo Martius,* die erste römische Kolonie außerhalb Italiens, formell gegründet wurde. Es gibt darüber zwar keine Gründungsurkunde, aber das Jahr kennt man trotzdem ziemlich genau, seit 20 km südlich von Narbonne, an der Brücke von Treille, der älteste Meilenstein Galliens gefunden wurde, der zugleich der einzige aus der republikanischen Zeit Roms ist. Auf ihm ist der Name des Domitius Ahenobarbus verzeichnet – zusammen mit seinem Titel: Imperator. Im republikanischen Rom bezeichnete dieser Titel den Oberbefehl über das Heer, und er wurde stets auf ein Jahr befristet vergeben. Und weil Domitius schon im Jahre 117 v. Chr. in einem großen Triumphzug durch Rom den erfolgreichen Abschluß der Gründung seiner gallischen Provinz und der Provinzhauptstadt Narbonne feierte, muß er den Titel im vorausgehenden Jahr, also 118 v. Chr., schon geführt haben, und wir besitzen mithin in dem Meilenstein einen sogenannten *terminus ante*

Meilenstein des Domitius Ahenobarbus

quem – das ist lateinisch und heißt: der letzte Termin, zu dem der Stein gesetzt worden sein kann.

Der Meilenstein des Domitius Ahenobarbus ist heute das berühmteste Exponat im Archäologischen Museum im Palast des Erzbischofs, wo man ihn im Original sieht. In Kopie kann man ihn in der Nähe der Stelle, wo er 1949 entdeckt wurde, auf einem Parkplatz an der N 9 besichtigen, wo ein kleines Freilichtmuseum zur Via Domitia eingerichtet worden ist.

Im Stadtbild ist freilich nicht viel aus der römischen Zahl Narbonnes erhalten geblieben. Das Beeindruckendste ist ein unterirdisches Speicherhaus, das römische *Horreum* genannt. Von der alten Via Domitia ist überhaupt nichts mehr zu sehen. Man weiß aber den Verlauf der Fernstraße. Im Stadtzentrum ist sie identisch mit der *rue des Marchands,* einer schmalen Geschäftsstraße, die auf einer alten Brücke über den Canal de la Roubine führt. Sogar die Brücke selbst soll Elemente enthalten, die schon die Römer bauten.

Das Archäologische Museum zeigt Funde aus fast 90 000 Jahren Vergangenheit des Languedoc. Die in verschiedenen Sälen untergebrachten Sammlungen aus verschiedenen Phasen der Vorgeschichte – von der Altsteinzeit bis zur gallorömischen Epoche – zeigen in der Zusammenschau übersichtlich die Entwicklung besonders der handwerklichen Techniken.

Für die unmittelbar vorrömische Zeit, die ja der rote Faden unserer Reiseroute ist, gibt es einen Saal über das Oppidum von Montlaurès 4 km nordwestlich von Narbonne. Auffallend ist darin vor allem ein *Dolium* (ca. 1,30 m Durchmesser, am Hals 70 cm) von der Art, wie es auch auf Ensérune Verwendung fand, sowie Unmengen an Scherben von griechischer Keramik – ein weiterer Hinweis auf den Einfluß griechischer Handelstätigkeit, der auch an diesem Anlieger der alten Völkerstraße nicht spurlos vorüberging.

Anfahrt auf Montlaurès: *Der Weg ist nicht ganz leicht zu finden. Man verläßt Narbonne auf der D 605. Nachdem man, noch im Stadtgebiet, eine »Total«-Tankstelle passiert hat, sieht man rechts einen Wohnblock mit merkwürdig abgerundeten Betonbalkonen. Gleich dahinter biegt man rechts ab in die Rue d'Alcala de Henares. Nach 100 m am Stoppschild links abbiegen und danach dem Straßenverlauf folgen (die Straße macht bald einen Knick nach rechts), an der nächsten Gabelung nach links Richtung Bougna, nach einigen Kilometern erneut eine Gabelung, wo man wieder den linken Zweig nimmt (Chemin de Montlaurès). Man passiert verschiedene Weingüter und fährt weiter, bis man zu einem Pinienwäldchen kommt, das einen nicht sehr hohen Hügel bedeckt. Darauf lag das Oppidum de Montlaurès. Ein kleines gelbes Schild weist auf diesen Tatbestand hin und verbietet dem Besucher zugleich, irgendwelche Fundstücke mitzunehmen oder gar nach ihnen zu graben. Eigentlich selbstverständlich.*

Das Oppidum war seit dem 6. Jahrhundert v. Chr. bewohnt. Nach der Gründung Narbonnes wurde es von den Bewohnern verlassen. Der Gipfel ist felsig, und man erkennt deutlich in den Stein gehauene Formationen, Grundmauern von Gebäuden, waagerechte Flächen, die als Straßen oder als Fußböden gedient haben mögen. Im Westen ist eine starke dicke Mauer erhalten, die nach der von den Römern bekannten Schalbauweise konstruiert ist. Nach dieser Technik wird zunächst eine Schalung aus Brettern gefertigt, an deren Innenseite dann behauene Steinblöcke aufgeschichtet werden, die später die Außenseite der Mauer bilden sollen; der verbleibende Innenraum wird mit Bruchsteinen und einem Mörtelbad gefüllt. Offensichtlich waren es also Römer, die zuletzt, schon nach der Gründung Narbonnes, den Hügel bewohnten. Doch auch sie hielten es dort nicht lange aus. Der Exodus geschah während des ersten vorchristlichen Jahrhunderts.

Und das, obwohl man von hier oben einen so herrlichen 360-Grad-Rundumblick hat. Man sieht in Richtung Sonnenaufgang das Meer und davor ganz still das laute moderne Narbonne, man sieht die umliegenden Felder in der Ebene, und in der Ferne erblickt man die verschiedenen Gebirgszüge – im Norden die *Montagne Noire,* im Westen die *Corbières.*

Von Narbonne bis Perpignan

Südlich von Narbonne, wo sich zwischen den Bergen im Osten und dem Meer im Westen der schmale Streifen Tiefland so sehr verengt, daß Landstraße, Autobahn und Eisenbahn bald nahe nebeneinander, bald kreuzweise übereinander sich gen Spanien schlängeln müssen, da fließt auf allen drei Verkehrswegen im Sommer der Strom der Reisenden so stark, daß auch der Bedarf an Verschnaufpausen höher als anderswo ist und selbst eine gewöhnliche Landstraße wie die N 9 hier und da von ganz beachtlichen Rastplätzen gesäumt wird. Die *Aire de la Palme* ist ein solcher Rastplatz – mit Kinderspielplatz, Sanitäranlagen, Picknick- und Imbißmöglichkeiten und . . . einem kleinen Freilichtmuseum zum Thema *Via Domitia*. Der Standort des Museums ist gut gewählt, denn zwischen Narbonne und Salses verläuft die N 9 genau auf der Spur der alten Römerstraße, und in der Nähe der heutigen *Aire* unterhielten schon die Römer eine *mutatio,* die unter dem Namen *Ad Vicensum* bekannt war. Etwa 1 km südlich, dort wo die N 9 das Flüßchen Riou kreuzt (kurz vor Caves), ist die Stelle, wo 1919 der Meilenstein des Domitius aus dem Erdreich geborgen wurde.

In Kopie ist der berühmte Meilenstein auf dem Rastplatz ausgestellt. Interessanter (so man letzteren bereits in Narbonne im Original betrachtet hat) ist es, die Nachbildung einer römischen Fahrbahndecke zu sehen. Am linken und rechten Straßenrand zogen die Römer zunächst Gräben, durch die das Regenwasser ablaufen sollte. Diese wurden dann mit grobem Material zur Drainage gefüllt, darüber kam Schotter zur Festigung des Untergrunds, und schließlich stampfte man die Fahrbahndecke aus einer Mischung aus Erde, Kies und Schotter fest. Wer sich schon einmal gefragt haben sollte, ob die Römer eigentlich Rechtsverkehr oder Linksverkehr hatten, der findet hier die Antwort. Da

Nachbildung einer römischen Straßendecke

die Nachbildung die römische Straße in Originalbreite zeigt, kann man daraus schließen, daß die Verkehrsführung im wesentlichen einspurig war; Gegenverkehr war, jedenfalls auf freier Strecke, eher die Ausnahme als die Regel. Man fuhr weder rechts noch links, sondern einfach in der Mitte.

Gut 15 km weiter kommt eine weitere bedeutende Station der Via Domitia: Das *Fort de Salses,* geschichtsträchtige Grenzbastion zwischen Frankreich und Spanien für mehr als eineinhalb Jahrtausende. Im 16. und 17. Jahrhundert modernisiert und ausgebaut, war die Festung bis zum Pyrenäenfrieden (1659) ein Grenzübergang zwischen dem Roussillon und Frankreich. Aber schon zu römischen Zeiten war hier ein Castrum, das »Ad Salsulas« genannt wurde, und zwar nach den salzigen Lagunenseen, die zwischen Narbonne und Perpignan einen sanften Übergang zwischen Land und Meer bilden. Die Festung, die im 17. Jahr-

Mauerwerk des alten römischen Castrums

hundert auch der berühmte französische Militärarchitekt Vauban mitgestaltete, ist besonders gut erhalten und macht einen imposanten Eindruck. Man kann sie direkt von einem Autobahnparkplatz an der A 9 (der *Autoroute Catalane*) besuchen. Was aber kein einziger der recht zahlreich kommenden Besucher zu wissen scheint, ist, daß die Grundmauern des römischen Castrums nicht an derselben Stelle wie das heutige Fort liegen, sondern ca. 50 m daneben in nordöstlicher Richtung – und dort noch immer zu sehen sind. Man braucht nur eine kleine Anhöhe hinaufzusteigen und findet unter schattigen Pinien die Reste von römischem Mauerwerk. Man erkennt es ganz eindeutig an der Schalbauweise, bei der das Innere der dicken Mauern mit einem Bruchstein-Mörtel-Gemisch gefüllt wurde.

In Salses nun verabschiedet sich die Nationalstraße 9 von der alten Via Domitia. Letztere zweigt im spitzen Winkel in Richtung

Mittelmeer, also nach Osten, ab und läuft pfeilgrad auf das Örtchen Claira zu. Dort macht sie dann noch einmal einen ganz leichten Knick nach rechts; ihr nächstes Etappenziel ist Château-Roussillon, das alte *Ruscino*. Wer das Châteaufort des Salses besucht und oben von der Festung seinen Blick nach Süden richtet, der sieht wie einen geraden Schnitt durch die Weingärten der Roussillon-Ebene den Lauf der Via Domitia, und wer will, kann sie 10 km weit von Salses bis Claira zu Fuß begehen.

Mit dem PKW fährt man zum Oppidum von Ruscino am besten über die N 9 bis Perpignan und von dort nach Westen in Richtung auf den Badeort Canet-Plage über die D 617 bis Château-Roussillon. Der Ort liegt genau einem modernen Einkaufszentrum gegenüber, dessen markanteste Geschäftsfiliale, der »Mammouth«-Supermarkt, sein Emblem (ein Mammut, was sonst) auf einem überdimensional hohen Schild weithin sichtbar macht. Kurz vor dem Einkaufszentrum biegt man rechts von der D 617 ab und fährt am Ende der Ausfahrt nach links durch die Unterführung geradewegs auf Château-Roussillon zu. Die Grabungen des Oppidums liegen beiderseits der Straße kurz vor dem Dorf. Ein Teil kann schon besichtigt werden.

Ruscino, vergessene Hauptstadt des Roussillon

Auf einem Hügelplateau, das die Ebene des Roussillon und das Tal der Têt beherrscht, lebten seit dem 6. Jahrhundert v. Chr. Menschen. Sie sahen an ihrem Hochsitz den Herakles vorbeiziehen, sie hörten das Kriegsgeschrei der expandierenden Nomaden aus Gallien, sie staunten über die Truppen und Elefanten Hannibals, sie erblickten die Legionen des Domitius, als diese genau zu Füßen ihres Hügels aus einem alten Trampelpfad eine komfortable Straße machten – aber nie verloren sie ihre kulturelle Eigenständigkeit. Sie waren und blieben Iberer, bis im 1. Jahrhundert v. Chr. wohlhabende Römer, die von dem Handelsweg profitieren wollten, sich in ihrer Mitte niederließen.

Als Roms Verwaltungsgenies sich daranmachten, die Provinz in überschaubare Einheiten zu gliedern, erhielt die Landschaft um das Oppidum nach dessen Namen *Ruscino* die Bezeichnung *pagus ruscinonensis*. Heute ist daraus das Wort *Roussillon* geworden.

Ruscino ist durch Grabungen inzwischen relativ gut erschlossen, seit kurzem kann man einen Teil davon besichtigen.

Die Bebauungsgeschichte von Ruscino ist der von Ensérune nicht unähnlich. Ab 600 v. Chr. finden sich erste Hütten; die Menschen leben von Fischfang, Ackerbau, später auch von Kunsthandwerk und Eisenverarbeitung. Ab 400 v. Chr. werden die ersten Steinhäuser gebaut. Für die Vorräte baut man sich große, in die Erde eingelassene Silos. Zwischen 300 und 100 v. Chr. werden aus den bis dahin autarken Bauern und Handwerkern allmählich Handeltreibende. Die Römer machen im 1. Jahrhundert aus dem Oppidum eine veritable Stadt mit großen öffentlichen Gebäuden. Gegen Ende des 4. Jh. n. Chr. verwüsten während der Völkerwanderung durchziehende Vandalen die Stadt. Erst viel später, im Mittelalter, als das – kurzlebi-

Ruscino

ge – Königreich von Mallorca geschaffen wurde, übernahm Perpignan die Hauptstadtfunktion, die in alter Vorzeit Ruscino innegehabt hatte.

Die Via Domitia gabelte sich übrigens hier in einen Küstenweg über Collioure und Port-Vendres und einen Gebirgsweg, der beim Paß von Le Perthus die Pyrenäen überschritt. Die Spur der keltischen Völker verliert sich hier, von der Römerstraße ist auf dem Gebirgsweg noch die eine oder andere Spur erhalten. Da wir uns ohnehin nicht zweiteilen können, legen wir also das letzte Stückchen Weg bis Spanien landeinwärts zurück.

Reise in die Pyrenäen: Wo Gallien zu Ende ist

Im 5. Jahrhundert v. Chr. berichtete Herodot der ihm bekannten zivilisierten Welt, was er über die Kelten wußte. Und das war, jedenfalls für uns Heutige, äußerst konfus. Die Kelten, so Herodot, lebten am Unterlauf der Donau, dort wo auch die Stadt Pyrene liege. Sicher hat der »Vater der Geschichte«, wie Cicero ihn später nannte, da irgend etwas falsch verstanden, was er hatte läuten hören, ohne zu wissen, wo die Glocken hingen. Daß im Gebiet der Donau Kelten lebten – gut und schön. Doch wo soll die Stadt Pyrene sein? Die einfachste Erklärung ist, daß durch irgendwelche Übermittlungsfehler in der stillen Post der Überlieferung der Name des Gebirges zum Namen einer Stadt geworden ist. Dann nämlich macht die Aussage des Griechen doch noch Sinn – wenn auch einen etwas anderen, als der Autor selbst ahnte: Kelten lebten also an der Donau, gewiß, und daß sie ins Gebiet südlich der Pyrenäen später ebenfalls vordrangen, wissen wir auch; was man dem ersten großen Historiographen da zugetragen hatte, das waren wohl Berichte aus zwei ganz verschiedenen Gebieten, durch Tausende von Kilometern getrennt, die aber beide gleichermaßen als Keltenland bekannt waren. Herodot hingegen dachte: Wenn in Pyrene und an der Donau Kelten wohnen, dann werden die ja wohl im selben Land zu finden sein. Und so hätten wir also einen klassischen Autor beim Abschreiben aus nicht richtig verstandenen Quellen erwischt.

Nach einem anderen, allerdings erst im 1. Jahrhundert n. Chr. niedergeschriebenen Mythos soll es aber doch eine Stadt namens *Pyrene* gegeben haben. In dieser Stadt, so die Erzählung, habe Herakles auf seinem Rückweg von Iberien Station gemacht, die Königstochter Pyrene verführt und sich dann schnell weiter auf die staubige Reise gen Italien begeben, was dann die

Geschändete veranlaßt habe, in den Bergen aus dem Leben zu scheiden, woraufhin wiederum die Berge ihren noch heute gültigen Namen *Pyrenäen* und die Stadt selbst den Namen *Pyrene* erhalten hätten.

Was von solchen Geschichten zu halten ist, bleibe dahingestellt. Die Einwohner von *Elne,* 13 km südlich von Château-Roussillon, jedenfalls glauben sie. Mehr noch. Sie sind überzeugt, daß es ihre Stadt war (die übrigens in der Tat schon in vorrömischer Zeit unter dem Namen Illiberis in die Geschichte einging), wo der griechische Held und Halbgott zu seinem Quickie einkehrte. Dasselbe beanspruchen für ihre jeweilige Vaterstadt allerdings auch die Bewohner von Collioure und Port-Vendres.

Elne soll ferner auch Geburtsort einer südgallischen Stallmagd namens Helena sein, Mutter des späteren Kaisers Konstantin des Großen, welcher zu seiner Mutter Ehren den Ort von *Illiberis* in *Castrum Helenae* umbenennen ließ, von dem sich der heutige Name *Elne* herleitet.

> **Wegbeschreibung:** *Elne erreicht man von Château-Roussillon, indem man die D 617 bis Canet-en-Roussillon (Nachbarort von Canet-Plage) und dort die D 11 in südlicher Richtung nimmt.*
> *Von Elne geht es parallel zum Tech über die platanengesäumte D 40 zurück zur N 9 und von dort über Le Boulou hinauf zum Paß über die Pyrenäen.*

Der letzte Ort vor der Grenzstadt Le Perthus ist das Dorf les Cluses, welches aus zwei Weilern besteht: La Cluse Basse und La Cluse Haute. Auf der Höhe dieses Dorfes verläuft die N 9 parallel zu einem kleinen Flüßchen, der Rome. Wenn man, der Nationalstraße folgend, seinen suchenden Blick nach rechts hinunter ins Flußtal schweifen läßt (wie man das macht, ohne die Geduld der französischen und spanischen Autofahrer zum Platzen zu bringen, ist ein Kapitel für sich), dann findet man mit bloßem Auge gut erkennbare Spuren der alten Römerstraße, die hier direkt durch das felsige Tal der Rome geführt wurde. Via Domitia zum

Reste eines Portoriums

Selberentdecken. An einer Stelle sieht man noch die in den Fels gehauene Fahrbahn mit in Jahrhunderten entstandenen Karrenspuren, daneben Reste von Mauerwerk: dies war einmal eine Art Zollhäuschen, ein *portorium,* wo die aus Spanien kommenden Händler ihren Wegezoll entrichten mußten.

Bevor die Römer kamen, überquerte die antike Straße des Herakles die Pyrenäen an derselben Stelle, wo heute Autobahn und Nationalstraße nach Spanien führen, nämlich auf dem Col de Perthus. Die Römer führten aber die Via Domitia lieber 2 km weiter westlich über das Gebirge. Erst 1984 ist dieser Übergang, der *Col de Panissars,* wiederentdeckt worden. Das letzte Stück unserer Reiseroute soll uns zu diesem Paß führen, wo man auf der Via Domitia Gallien verließ.

> **Wegbeschreibung:** *Am Ortseingang von Le Perthus am Schild in Richtung Kirche (»Église«) rechts abbiegen – welches aber oft wegen des dichten Verkehrs, der in dem betriebsamen Grenzübergangsstädtchen herrscht, hinter Fahrzeugen halb verdeckt ist. Nach ein bis zwei Kilometern Serpentinenfahrt gelangt man zum Fort de Bellegarde, einer Festungsanlage aus dem 17. Jahrhundert. Wenige Meter vor Erreichen des Forts gabelt sich die Straße. Rechts geht es zum »site archéologique« des alten Passes von Panisard, einer Übergangsstelle der römischen Straße und möglicherweise die einstige Grenze zwischen den beiden Provinzen »Narbonensis« und »Hispania citerior«.*

Fast 20 cm tiefe Wagenspuren haben sich in den felsigen Boden des Pyrenäenmassivs gefressen. Links und rechts daneben eindrucksvolle Reste römischer Prunkgebäude. In einem dieser Relikte glauben die Archäologen, den Sockel des Triumphmals des Pompejus entdeckt zu haben, das den Sieg des römischen Haudegens gegen Sertorius (72 v. Chr.) zelebrieren soll, der als Prätor in Spanien einen Aufstand gegen die Senatsherrschaft aus Rom angezettelt hatte. Wir stehen also an historischer Stelle. Selbst nach 2000 Jahren noch überzeugt die Demonstration römischer Stärke. Das Monument mag – selbst im Zustand des

Verfalls – aussehen wie für die Ewigkeit gebaut. Aber uns moderne Nachzügler beeindruckt es sicher nicht halb so tief wie die okkupierten Völker, die Keltiberer und die Gallier. ›Schau her‹, sagte es dem Wanderer in der Einsamkeit der Gebirgslandschaft, ›hier ist Gallien zu Ende. Aber noch immer stehst du im Zentrum der römischen Macht.‹

Auch für uns ist hier Gallien zu Ende.

VERSCHIEDENES VON A BIS Z

Adressen
Asterix
Asterix-Park
Benzin
Bretagne
Gauloises
Hotels
Jugendherbergen
Karten
Literatur
Museen
Zeittafel

Adressen

Office de Tourisme
place Général-de-Gaulle
13100 Aix-en-Provence
FRANKREICH

Office de Tourisme
3, avenue Charles-de-Gaulle
71400 Autun
FRANKREICH

Office de Tourisme
27, rue Quatre-Septembre
34500 Béziers
FRANKREICH

Syndicat d' Initiative
place Marmont
21400 Châtillon-sur-Seine
FRANKREICH

Syndicat d'Initiative
place République
66200 Elne
FRANKREICH

Office de Tourisme
place Bellecour
69000 Lyon
FRANKREICH

Office de Tourisme
4, Canebière
13001 Marseille
FRANKREICH

Office de Tourisme
6, rue Maguelone
34000 Montpellier
FRANKREICH

Office de Tourisme
place R.-Salengro
11100 Narbonne
FRANKREICH

Office de Tourisme
6, rue Auguste
30000 Nîmes
FRANKREICH

Office de Tourisme
place Frères Mounet
84100 Orange
FRANKREICH

Office de Tourisme
quaie de Lattre-de-Tassigny
66000 Perpignan
FRANKREICH

Office de Tourisme
place Jean-Jaurès
13210 St-Remy-de-
Provence
FRANKREICH

Office de Tourisme
place Chanoine Sautel
84110 Vaison-la-Romaine
FRANKREICH

Office de Tourisme
3, cours Brillier
38200 Vienne
FRANKREICH

Asterix

Am 29. Oktober 1959 erblickte ein kleiner schnauzbärtiger, flügelhelmtragender Gallier das Licht der Welt, der seine 2000 Jahre älteren historischen Urbilder mit einem Schlag weltbekannt machte. Zuerst war es eine Fortsetzungsgeschichte in einer Zeitschrift. Die erste Buchausgabe erschien 1961 in einer Auflage von 6000 Exemplaren. Schon 1965 war die erste Millionenauflage erreicht. Heute kann man die Comichefte in 39 Sprachen lesen – wenn man will, auch in lateinisch oder bretonisch. 180 000 000 Exemplare sind bisher auf der ganzen Welt verkauft worden.

1977 starb René Goscinny, der Texter der Hefte. Der Cartoonist Alberto Uderzo produziert seitdem allein weiter.

In Frankreich ist Asterix mit großem Abstand selbst vor dem Klassiker Mickymaus die bekannteste Cartoon-Figur. An den historischen Ausgrabungsstätten der gallischen Geschichte sieht man Touristenkinder, die Flügelhelmchen oder gallische Zopfperücken auf dem Kopf tragen und seinen Namen lautstark im Munde führen. Bei den Besuchern von Alesia ist Asterix wahrscheinlich bekannter als Vercingetorix.

Asterix-Park

38 km nördlich von Paris liegt an der Autobahn A 1 (Paris – Lille) der *Parc Asterix,* ein moderner, 1989 eingerichteter Vergnügungspark nach Motiven aus den Heften über den kleinen unbeugsamen Gallier. Er ist direkt von der Autobahn aus zu erreichen; das Hinweisschild steht ein paar Kilometer hinter der Ausfahrt Nr. 8. Die Zufahrt ist auch über den Ort Plailly möglich.
Es gibt in dem Park u. a. ein richtiges Gallierdorf, in dem Verleihnix Souvenirs verkauft; trotz karikaturistischer Verzerrung und kommerzieller Verkitschung ist eine Ähnlichkeit dieser gallischen Hütten mit den wissenschaftlich erstellten Rekonstruktionen im Archéodrome bei Beaune nicht zu übersehen. Etwas we-

niger authentisch ist es dagegen, wenn Ben Hurs Wagenrennen auf Autoskootern ausgetragen werden oder wenn Asterix und Obelix – man könnte fast sagen als Mickymaus verkleidet – im Triumphzug durch den Park ziehen, begleitet von der Musik einer Dixieland-Band. Heilige Quellen – mit Plastikdruiden – gibt es in Gestalt eines Springbrunnens, und die Schiffschaukel hat die Form einer römischen Galeere. Man sieht – auch der Asterix-Park ist unterwandert von der kulturellen Dominanz feindlicher Römer. Der Eingang zu jeder Bude heißt auf lateinisch »Intratum«, der Ausgang »Exitus«, und an der Achterbahn liest man die Warnung: »Periculum, ergo prohibitum« (frei übersetzt: ›verboten ist alles, was riskant ist‹).

Der 850 Millionen Franc teure Vergnügungspark ist eine Mischung aus Disneyland und der Cartoon-Steinzeitwelt der Flintstones. Teuer ist das Vergnügen übrigens auch für die Besucher: 10 Franc fürs Parken, der Eintritt zum Park selbst 120 Franc für Erwachsene, 90 Franc für Kinder; Achterbahn, Autoskooter und Karussells, Imbißstuben und Schnellrestaurants, Souvenirs und Ersatzfilme für die Kamera – das alles ist um einiges teurer als draußen in der freien Welt, so daß die Schlangen vor den Kassen der Bank, die sinnigerweise *Crédit Latin* heißt, genauso lang sind wie vor den vielen Jahrmarktsattraktionen.

Wer einmal eine gute Gelegenheit sucht, seine neue Videokamera auszuprobieren – hier wird er viele andere finden, die das gleiche tun.

Benzin

Es lohnt sich bei den notorisch hohen Benzinpreisen, die Preise zu vergleichen. Selbst innerhalb eng begrenzter Regionen kann man Schwankungen von 10 bis 15 Pfennig finden. Die niedrigsten Preise bieten – sehr zum Leidwesen der großen Mineralölgesellschaften – die Verbrauchermärkte, deren Verkaufshäuser wie bei uns meist am Stadtrand zu finden sind. Seit kurzem betreiben die ersten Verbrauchermarktketten auch einige Autobahntankstellen.

Das allgemeine Preisniveau ist in der Nähe größerer Hafenstädte an der Küste, wo es Raffinerien gibt, niedriger als im Landesinneren.

Auf den Autobahnen sind die Preise noch etwas höher als sonstwo (bis zu ca. 20 Pfennig über den günstigsten regionalen Preisen), und die Schwankungen sind niedriger. Nützlich ist, daß am Beginn jeder Autobahn nach der ersten Zahlstelle (Péage) Tafeln aufgestellt sind, auf denen die Lage sämtlicher Autobahntankstellen mit den jeweiligen Benzinpreisen angegeben ist, und zwar übersichtlich nach Sorten getrennt: erst ein Schild mit sämtlichen Preisen für Super, nach 500 m ein weiteres mit den Angaben für Benzin und schließlich die Angaben für Diesel (allgemein ca. 30% billiger als Benzin).

Bleifreies Benzin gibt es inzwischen auch fast überall.

Bretagne

Warum für die Bretagne, dieses klassiche Keltenland, keine Reiseroute vorgeschlagen wurde, ist auf den ersten Seiten dieses Buches eigentlich bereits hinreichend erläutert: die britischen Kelten, die diesen Landstrich erst im 5. Jahrhundert n. Chr. besiedelten, haben mit den alten Galliern ungefähr soviel gemein, wie die Nachkommen der sogenannten Wolgadeutschen, die heute in Kasachstan leben, mit ihren Vorfahren, die im 18. Jahrhundert aus Deutschland auswanderten. Die keltischen Traditionen der Bretagne wurzeln viel deutlicher in den Anfängen des christlich geprägten Keltentums als in der heidnischen Latènewelt, die wir anderswo kennenlernen.

Trotzdem kann man natürlich auch im Land der Bretonen so etwas wie ein fernes, von den unterschiedlichsten Felswänden reflektiertes Echo der alten Gallier vernehmen. Denn dem Christentum ist es zu verdanken, daß sich mit mehr als tausendjähriger Verspätung eine geschriebene keltische Literatur bildete, in deren Formen und Themen, wie man vermutet, auch noch Spurenelemente alter druidischer Weisheiten erhalten sein mögen. Es ist also vor allem ein Schlüssel zu den Mythen und Glaubensvorstellungen, den uns die bretonischen (aber genauso auch die irischen und walisischen) Kelten geben. Vom Panorama des gesamten Lebens der gallischen Altvordern ist das gewiß nur ein Teil – und zwar, was in unserem Fall noch schwerer wiegt, ein Teil, zu dessen Studium man sich besser in Bibliotheken als in der Bretagne umsieht.

Es gibt in der ganzen Bretagne eigentlich nur eine einzige an Ort und Stelle zu besichtigende Sehenswürdigkeit, die authentisch gallisch ist. Das sogenannte *Camp d'Artus* bei Huelgoat in der inneren Bretagne. Wie schon der Name anzeigt, hat man bezeichnenderweise auch diesen Ort ursprünglich mit der christ-

Camp d'Artus: Baumsterben im Galliercamp

lich-keltischen Tradition in Zusammenhang gebracht, nämlich
dem Mythos von König Artus. Erst in neuerer Zeit wurde festge-
stellt, daß das ›Lager‹ eine befestigte gallische Höhensiedlung,
also ein *Oppidum, ist. Erhalten ist davon allein der mächtige
Wall, eine Murus-gallicus*-Konstruktion, die von wahrhaft gigantischen, über 10 m dicken Felsbrocken einst eine natürliche Verstärkung erhielt.

Der Wald von Huelgoat, in dem das Oppidum liegt, ist in Reise-
führern als eine der romantischsten Landschaften der inneren
Bretagne ausgewiesen. Leider ist diese Information inzwischen
überholt – und zwar aufgrund des sauren Regens. *Le Waldster-
ben* hat in diesem einstigen Erholungsgebiet dramatische Spuren hinterlassen, so daß es heute höchstens noch für Exkur-
sionen im Biologieunterricht taugt. Lametta- und
Storchennestsyndrom kann man hier in einer Reinform studie-

ren, als wär's für ein Naturkundelehrbuch inszeniert. Entwurzelte Bäume liegen allenthalben zwischen den noch aufrechtstehenden herum, schräg und schlaff lehnen manche auch im Geäst ihrer Nachbarn, solange zum Umfallen noch nicht genug Platz ist, und einige brechen einfach in der Mitte durch. Was aus ihren einst heiliggehaltenen Bäumen geworden ist, das brauchen die Gallier sich gottlob nicht mehr mit anzusehen.

Gauloises

Die Zigarettenmarke spiegelt Frankreichs geschichtliches Selbstverständnis. So wie dem Zigarettenkonsumenten in Amerika durch Rinderherde und Cowboyhut zur Selbstfindung als Raucher verholfen werden soll, so suggeriert auf der französischen Zigarettenpackung der gallische Flügelhelm, wie sich der Gauloises-Raucher fühlt: als schnauzbarttragender, individualistischer, würdiger Nachfolger der unbeugsamen Gallier.

Hotels

Überall in Frankreich ist man auf Fremdenverkehr sehr gut eingerichtet, so daß Unterkunft auf der Reise nie zu einem Problem werden dürfte. Hotels gibt es schon zu recht günstigen Preisen: ab 90–100 Franc, mitunter sogar für ein Doppelzimmer. Da sind selbst (gute) Jugendherbergen nicht viel billiger, zumal die Preise dort immer pro Person, nie pro Zimmer berechnet werden.

Die Hotelverzeichnisse, die die regionalen Fremdenverkehrsämter anbieten, enthalten meistens die Preise und Leistungen (fast) aller Hotels am Ort und zusätzlich einen groben Stadtplan mit der Lage wichtiger Sehenswürdigkeiten sowie der Hotels. Man kann sie sich direkt aus Frankreich zuschicken lassen oder bei einem der deutschen Büros des Französischen Fremdenverkehrsamtes besorgen.

Französisches	Französisches
Fremdenverkehrsamt	Fremdenverkehrsamt
Westendstraße 47	Berliner Allee 28
Postfach 100 128	4000 Düsseldorf
6000 Frankfurt/M.	Tel. 02 11/83 75-6
Tel. 0 69/75 60-1	

Eine gute Möglichkeit, die Reiseunterkunft im voraus zu planen, bietet ferner die Hotelkette *Logis de France*. Dies ist ein freiwilliger Verband von Hotels im Familienbetrieb der günstigen bis mittleren Preisklasse. Sie lassen ihr Leistungsniveau regelmäßig überprüfen und garantieren somit eine gewisse Sicherheit vor unliebsamen Überraschungen. Die Hotels liegen ausnahmslos außerhalb der großen Städte und haben oft einen Restaurantbetrieb mit regionaler Küche. Das Netz der Häuser, die dem Verband angeschlossen sind, ist landesweit recht dicht. Man erkennt die Mitglieder schon äußerlich an ihrem charakteristischen Zeichen: einer Art Wappen, bei dem ein gelber Kamin auf grünem Grund prangt. Alljährlich erscheint ein etwa 250 Seiten starkes Handbuch, in dem sie alle aufgeführt sind – mit Preisen, Leistungen, Adressen und was man sonst so wissen muß. Es ist ebenfalls bei den Fremdenverkehrsämtern in Deutschland erhältlich.

Jugendherbergen

Wer diese Unterkunftsform wählen will, sollte wissen, daß es in Frankreich zwei Jugendherbergsverbände gibt, die *Fédération* (Fédération unie des auberges de jeunesse) und die *Ligue* (Ligue française pour les auberges de la jeunesse). Sie sind äußerlich nicht zu unterscheiden, akzeptieren auch gleichermaßen alle gültigen Jugendherbergsausweise, jedoch führen sie getrennte Verzeichnisse, die jeweils nur die Herbergen des eigenen Verbandes nennen.

Karten

Die Wegbeschreibungen in dem Buch sind so angelegt, daß alle erwähnten Orte auch ohne weitere Hilfsmittel gefunden werden können – vorausgesetzt, man weiß, wo die größeren Bezugsorte liegen, von denen die Beschreibungen ausgehen. Die Lage von Städten oder größeren Orten, die auf handelsüblichen Frankreichkarten (Maßstab 1 : 1 000 000) verzeichnet sind, wird allerdings nicht mehr ausdrücklich erklärt – es sei denn, es soll irgendein historischer Zusammenhang erläutert oder eine Nebenstrecke empfohlen werden.

Dennoch empfiehlt sich zur genaueren Orientierung in der jeweiligen Gegend zusätzlich eine Karte des Maßstabs 1 : 200 000. Unentbehrlich wird ein solches Hilfsmittel, wenn man sich verfahren hat; und das kann bei der individualistisch geprägten Straßenbeschilderung in Frankreich durchaus mal passieren.

Literatur

Bernet, Daniel: *Guide de la France avant la France. Sites et musées de la préhistoire à la civilisation gallo-romaine.* Paris (Horay) 1984.

de Bertier de Sauvigny, Guillaume-André: *Die Geschichte der Franzosen. Von den Galliern bis de Gaulle.* München (dtv) 1986.

Daniel, Glyn: *Geschichte der Archäologie.* Bergisch Gladbach (Lübbe) 1982.

Delpal, Jacques-Louis: *Knaurs Kulturführer in Farbe. Frankreich.* München (Droemer Knaur) 1979.

Dillon, Myles/Chadwick, Nora K.: *Die Kelten. Von der Vorgeschichte bis zum Normanneneinfall.* München (Kindler) 1976.

Domke, Helmut: *Frankreichs Süden. Im Bannkreis der Pyrenäen.* München (Prestel) 1982.

Duval, Paul-Marie: *Die Kelten.* München (Beck) 1978.

Duval, Paul-Marie: *Gallien. Leben und Kultur in römischer Zeit.* Stuttgart (Reclam) 1979.

Pörtner, Rudolf: *Bevor die Römer kamen. Städte und Stätten deutscher Urgeschichte.* Düsseldorf (Econ) 1961.

Hatt, Jean-Jacques: *Kelten und Galloromanen.* Genf (Nagel) 1970.

Herm, Gerhard: *Die Kelten. Das Volk, das aus dem Dunkel kam.* Reinbek bei Hamburg (Rowohlt) 1977.

Lamer, Hans: *Wörterbuch der Antike.* Stuttgart (Kröner) 1989.

Legler, Rolf: *Languedoc – Roussillon. Von der Rhône bis zu den Pyrenäen.* 5. Auflage. Köln (DuMont) 1988.

Lengyel, Lancelot: *Das geheime Wissen der Kelten – entschlüsselt aus druidisch-keltischer Mythik und Symbolik.* Freiburg i. Br. (Bauer) 1976.

Moreau, Jacques: *Die Welt der Kelten.* Stuttgart (Cotta) 1958.

Nagel, Frank Norbert: *Burgund. Kunst und Reiseführer mit Landeskunde.* Stuttgart (Kohlhammer) 1988.

Pobé, Marcel/Rast Josef: *Provence. Führer durch das Land im Licht.* Darmstadt (Wissenschaftliche Buchgesellschaft) 1962.

Ross, Anne: *The Pagan Celts.* London (Batsford) 1986.

Sharkey, John: *Die keltische Welt – Religion und Gesellschaft.* Frankfurt (Insel) 1982.

Spindler, Konrad: *Die frühen Kelten.* Stuttgart (Reclam) 1983.

Stewart, Robert John: *Merlin. Das Leben des sagenumwobenen Magiers.* München (Knaur) 1988.

Museen

Hier noch einmal die wichtigsten Museen mit keltischer Kunst. Die meisten werden an entsprechender Stelle im Text erwähnt. Hervorzuheben ist aber – abseits der beschriebenen Routen – zusätzlich das *Musée des Antiquités Nationales* in St-Germain-en-Laye (am westlichen Stadtrand von Paris). Es wurde im 19. Jahrhundert auf Initiative des kaiserlichen Altertumsliebhabers Napoleon III. eingerichtet und enthält die größte und eindrucksvollste Sammlung keltischer Kunstwerke.

Aix-en-Provence	Musée Granet
Auxerre	Musée Archéologique
Avignon	Musée Calvet
Châtillon-sur-Seine	Musée Archéologique
Dijon	Musée Archéologique
Ensérune	Musée Archéologique d'Ensérune
Marseille	Musée Archéologique (Château Borély)
Nîmes	Musée Archéologique
St-Germain-en-Laye	Musée des Antiquités Nationales
St-Rémy-de-Provence	Hôtel de Sade

Zeittafel

Zeit	Epoche	Frankreich	übrige antike Welt
500 000	STEINZEIT Frühe Altsteinzeit		
300 000		*Roussillon:* Skelett von Tautavel	
100 000	Mittlere Altsteinzeit		
		Burgund: Höhlenwohnungen in Arcy-sur-Cure	
70 000			Neandertaler Mensch
35 000	Jüngere Altsteinzeit		
		Burgund: Arcy-sur-Cure, Nuits-St-George, Sulutré, Azé	
10 000	Mittlere Steinzeit		
4 000	Jungsteinzeit		
3 500			*Malta:* Hochblüte der Kultur der megalithischen Tempelanlagen
3 000		*Bretagne:* Alignements von Carnac	
2 000		*Burgund:* Chassey, Megalithkultur	*England:* Stonehenge
1 800	BRONZEZEIT		*Ägypten:* Bau der Pyramiden

.eit	Epoche	Frankreich	übrige antike Welt
1500			Beginn der Eisenzeit bei den Hethitern (Kleinasien)
1200		Urnenfelderkultur	
1000			Beginn der Eisenzeit in Griechenland und Italien
800	EISENZEIT Hallstattzeit		
776			*Griechenland:* Erste Olympische Spiele
753			*Italien:* mythisches Gründungsdatum Roms; die Stadt existiert aber vermutlich bereits seit dem 10. Jh.
700			*Griechenland:* Homer
600		Gründung Massalias (= Marseille)	
550	Kelten		
500			Erste Erwähnung des Begriffs »Keltoi« bei Herodot
480	Latènezeit	In Frankreich beginnt die Laténezeit erst um 450 v. Chr.	
470		Fürstengrab zu Vix (Hallstattkultur)	

Zeit	Epoche	Frankreich	übrige antike Welt
387			*Italien:* Kelten unter Brennus zerstören Rom; Gänse retten das Kapitol
212			Die Iberische Halbinsel wird von Rom erobert
118		Gründung der Provincia Narbonensis	
113			*Alpen:* Die Kimbern und Teutonen schlagen die römischen Legionen bei Noreia
	ANTIKE: Gallorömische Epoche		
52		Niederlage des Vercingetorix	
21n.Ch		Gallischer Aufstand in Ostfrankreich	

Knaur®

Taschenbücher

Knaur®

Lucio Passerini
Auf den Spuren der
ETRUSKER
durch Italien

Deutsche Erstausgabe   Mit zahlreichen Abbildungen

Band 4628
160 Seiten
3-426-04628-8

Wer das ursprüngliche Italien, seine Geschichte und seine Kultur, kennenlernen will, der muß es auf den Spuren der Etrusker bereisen.

Aus dem Inhalt:

- Sozial-, Kunst- und Religionsgeschichte
- Sprache
- Architektur und Städtebau
- Grabarchitektur
- Epochenüberblicke
- Zahlentafeln
- Karten
- Reiserouten
- Glossar
- Wichtige Adressen von Arezzo bis Volterra

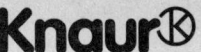

Knaur Ⓡ
Taschenbücher

Band 4634
208 Seiten
ISBN 3-426-04634-2

Die Minnesänger – wer hat sie sich nicht schon vorgestellt, wie sie an den Höfen des Mittelalters ihre Kunst zum besten gaben? Sie besangen die schönen Damen bei Hofe, sie standen hoch in der Gunst ihrer Herrscher (oder auch nicht) und wurden zu Chronisten ihrer Zeit. Begleiten Sie Carsten Seibold auf seiner Wanderung durch Süddeutschland und die Alpenländer, und Sie werden auf Schritt und Tritt auf die Spuren dieser Sänger stoßen!

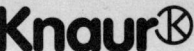

Taschenbücher

Band 4630
272 Seiten
ISBN 3-426-04630-X

Cornwall, Wales, Schottland und England – das alte Britannien, geheimnisvolles und sagenumwobenes keltisches Land. Hier hat nach alten Legenden der Herr der Tafelrunde, der mächtige König Artus, geherrscht, immer wieder besungen von Barden und Dichtern. Folgen Sie dem Autorenehepaar durch diese geschichtsträchtigen Länder, begeben Sie sich auf die Spuren von König Artus.